Ursula Günster-Schöning
Ich bin Erzieher*in!
Superkräfte versus berufliche Realität

2., vollständig überarbeitete Auflage von
Ich bin dann mal Erzieherin
Ausbildung und berufliche Realität
2012

Vandenhoeck & Ruprecht

Mit 9 Abbildungen und einer Tabelle

Bibliografische Information der Deutschen Nationalbibliothek:
Die Deutsche Nationalbibliothek verzeichnet diese Publikation in der
Deutschen Nationalbibliografie; detaillierte bibliografische Daten sind
im Internet über http://dnb.de abrufbar.

2. Auflage 2018

© 2018, 2012, Vandenhoeck & Ruprecht GmbH & Co. KG, Theaterstraße 13, D-37073 Göttingen
Alle Rechte vorbehalten. Das Werk und seine Teile sind urheberrechtlich
geschützt. Jede Verwertung in anderen als den gesetzlich zugelassenen Fällen
bedarf der vorherigen schriftlichen Einwilligung des Verlages.

Foto Seite 11: © lu-photo, www.fotolia.de
Foto Seite 33:© Robert Kneschke, www.fotolia.de
Foto Seite 55: © Dron, www.fotolia.de
Foto Seite 77: © merrvas, www.fotolia.de
Foto Seite 89: © builmifotografia, www.fotolia.de
Foto Seite 105: © contrastwerkstatt, www.fotolia.de
Foto Seite 119: © Elisabeth Coelfen, www.fotolia.de
Foto Seite 143: © Ursula Günster-Schöning
Illustration neben Reflexionsfragen: © strichfiguren.de, www.stock.adobe.com

Umschlagabbildung: © YuryImaging, www.shutterstock.com

Satz: SchwabScantechnik, Göttingen
Druck und Bindung: ⊕ Hubert & Co. BuchPartner, Göttingen
Printed in the EU

Vandenhoeck & Ruprecht Verlage | www.vandenhoeck-ruprecht-verlage.com

ISBN 978-3-525-70198-0

Inhalt

Vorwort 9

1 Erzieher*in wird man aus Leidenschaft 13
   1.1 Das Bild von der Fachkraft 14
   1.2 Unser Menschenbild? – Das Bild vom Kind! 21
   1.3 Erziehungspartnerschaft! –
       Denn Erziehung ist keine Privatsache 27
   Zum Weiterlesen 31

2 Kindliches Lernen und frühkindliche Bildung! –
   Alles Kinderkram, oder was? 35
   2.1 Wollen Kinder überhaupt lernen? 37
   2.2 Macht Lernen Spaß? 38
   2.3 Ist Lernen begrenzt? 41
   2.4 Kindliches Lernverhalten und Eltern 43
   Exkurs: Der Wickeltisch als erster Lernort 44
   Zum Weiterlesen 53

3 Die (neuen) Grundbedürfnisse der Kinder 57
   3.1 Grundbedürfnis 1 – Seelische Sicherheit 57
   3.2 Grundbedürfnis 2 – Erziehung 58
   3.3 Grundbedürfnis 3 – Lob, Anerkennung und Ermutigung 60
   3.4 Grundbedürfnis 4 – Beständigkeit, Zeit und Rhythmus 61
   3.5 Grundbedürfnis 5 – Bewegung 65
   3.6 Grundbedürfnis 6 – Freundschaft, Gemeinwesen und
       sich in der Gruppe wohlfühlen 68
   3.7 Grundbedürfnis 7 – Realistische Vorbilder 69
   3.8 Grundbedürfnis 8 – Spielen 71
   3.9 Grundbedürfnis 9 – Träume und Lebensziele 74
   Zum Weiterlesen 76

4 Ein Umdenken ist notwendig! ... 79
4.1 Äußere Einflüsse ... 83
4.2 Erzieher*in-Kind-Beziehung ... 83
4.3 Unterschiedliche Erziehungsfelder ... 85
Zum Weiterlesen ... 88

5 Jedes Kind hat das Recht auf eine stärkenorientierte Beobachtung und Dokumentation ... 91
5.1 Jedes Kind hat Talente ... 92
5.2 Die Persönlichkeitsstruktur bleibt stabil ... 94
5.3 Beobachtung – auf die Haltung kommt es an ... 95
5.4 Beobachten bedeutet, wachsame Wegbegleiter*innen zu sein ... 99
5.5 Was ist »normal«? Vieles! ... 100
5.6 Kinder sind einmalig, individuell und nicht planbar ... 101
Zum Weiterlesen ... 102

6 Nicht fit für die Schule, sondern fit fürs Leben – Das wäre ein gutes Ziel! ... 107
6.1 Die zeitliche Perspektive verändert sich ... 112
6.2 Veränderungsprozesse bei Kindern und Eltern ... 113
6.3 Elterngespräche vor der Einschulung ... 116
Zum Weiterlesen ... 116

7 Gewaltfrei zusammenleben! – Oder vom Umgang mit kindlichen Aggressionen ... 121
7.1 Wie entstehen Aggressionen? ... 121
7.2 Aggression oder Gewalt? Das ist hier die Frage ... 122
7.3 Gewalt! Erkennen, benennen und unterbinden ... 124
7.4 Der Umgang mit kindlicher Aggression ... 128
7.5 Fallbeispiel: Beißen ... 131
7.6 Kindlicher Stress: Genug gereizt!? ... 134
7.7 Über- und Unterforderung von Kindern ... 135
7.8 Trotz – ein Entwicklungsfortschritt! ... 136
7.9 Gewaltfreie Erziehung – ein Recht aller Kinder ... 137
7.10 So wenig Konflikte wie möglich und so viele wie nötig ... 139
Zum Weiterlesen ... 142

**8 Manchmal braucht man Superkräfte –
keine Angst vor Trauer, Tod und Kinderängsten** 145
   8.1 Ängste der Erwachsenen 147
   8.2 Ängste der Kinder 149
   8.3 Kinderängste sinnvoll begleiten 153
   8.4 Angst zu haben ist wichtig, auch wenn's schwer fällt 156
   8.5 Angstbewältigungsstrategien 159
   8.6 Der Tod gehört zum Leben dazu und macht auch
       vor der Kita nicht halt 161
   8.7 Die traurige Seite des Lebens –
       Abschied nehmen und trauern dürfen 163
   8.8 Über Tod und Sterben sprechen 165
   8.9 Trauer zulassen, aushalten und bearbeiten 167
   Zum Weiterlesen 169

Nachwort 171

Vorwort

Die Erstauflage diese Buches erschien im Jahr 2012 unter dem Titel *Ich bin dann mal Erzieherin* und war mir eine Herzensangelegenheit, um auf die wahnwitzige Idee unserer damaligen Bundesarbeitsministerin Ursula von der Leyen zu reagieren, die »mal eben« alle 13.000, durch die Firmenpleite des Schleckerkonzerns arbeitslos gewordenen Frauen, zu Erzieher*innen umschulen wollte. Natürlich mit einem schlanken Verfahren, natürlich in verkürzter Zeit, denn Erzieher*in sein kann ja scheinbar jede*r.

Zum Glück wurde die Idee in dieser Form nicht umgesetzt, und dennoch kam mein Buch. Es war eine Auseinandersetzung mit dem Erzieher*innenberuf – in dem die personellen Kompetenzen von Erzieher*innen besonders in den Blick genommen, der Alltag facettenreich beleuchtet und vor allem unerfahrene Erzieher*innen an die Hand genommen wurden. Zudem bot das Buch Reflexionsfragen, die auf die innere Haltung der Fachkräfte abzielten. Das Buch ging der Frage nach, was eigentlich hinter der Berufswahl steht.

Heute, sechs Jahre später, ist Frau von der Leyen Bundesverteidigungsministerin und ich habe mich für eine Modifizierung des Titels und vor allem Überarbeitung der Inhalte entschieden, da die Haltungsfrage immer mehr in den Mittelpunkt gerückt ist und inzwischen jede*r erkannt hat, dass es vor allem die personellen Kompetenzen sind, die eine*n gute*n Erzieher*in ausmachen. Daher möchte ich meine Neuauflage nun allen Erzieher*innen ans Herz legen und nicht nur den Kreis der Neueinsteiger*innen ansprechen. Vor diesem Hintergrund habe ich einige Kapitel ausgetauscht und durch neue ersetzt sowie die verbliebenen Kapitel überarbeitet.

Dennoch ist mein Buch nach wie vor kein Fachbuch im herkömmlichen Sinn, sondern vielmehr eine Sammlung von Erfahrungen, aufbereitetem Fachwissen, gut dosiertem Expert*innenrat und einer Sammlung an reflexiven Fragen, die Sie in Ihrem beruflichen Kontext inspirieren, provozieren und auch irritieren sollen, und die Sie einladen, über Ihre Arbeit nachzudenken.

Es ist ein Buch aus der Praxis für die Praxis und möchte schon durch den neuen Titel aufzeigen, dass nicht jede*r zur Erzieher*in geeignet ist, sondern vielmehr spezielle Fähigkeiten benötigt, um die täglichen Herausforderungen erfolgreich zu meistern. Die einzelnen Kapitel sind in sich abgeschlossen und behandeln jeweils einen Themenschwerpunkt. Von daher muss das Buch nicht von vorne bis hinten gelesen werden. Am Ende eines jeden Kapitels finden Sie passend zum behandelten Thema meine Quellen, aus denen ich geschöpft habe, als Literaturauswahl zur Vertiefung.

Mein Buch erhebt nicht den Anspruch auf Vollständigkeit, auch werden nicht alle relevanten Themen, die im Kita-Alltag vorkommen, behandelt. Die Themenauswahl orientiert sich am Alltag, folgt jedoch nicht dem Aufbau der Bildungs- oder Orientierungspläne. Alle Themenfelder dieses Buches sind bundesländübergreifend wie auch für alle Träger und somit für alle Erzieher*innen relevant.

Ursula Günster-Schöning   Meppen, Mai 2018

ERZIEHER*IN WIRD MAN AUS LEIDENSCHAFT

1 Erzieher*in wird man aus Leidenschaft

Die Welt ändert sich, und unsere Kinder brauchen nicht immer mehr Wissen. Sie brauchen die Kreativität, um die Dinge, die sie nicht wissen, lösen zu können.
Lisette[1]

Entweder das Herz schlägt für diesen Beruf und man wird Erzieher*in aus Leidenschaft – oder eben nicht! Oder, um es mit Lisettes Worten zu sagen: »Ich seh' die Kinder, wie sie sind. Ich überlege nicht, was dreh ich daraus, sondern was ist da alles vorhanden? Sie sind da und sie sind willkommen.«[2]

> Wann schlägt Ihr Herz höher? Rufen Sie sich Situationen vor Augen, bei denen Sie sehr positiv emotional beteiligt sind und spüren Sie nach, wann die gleichen starken Gefühle in Bezug auf Ihre pädagogische Arbeit aufkommen. Warum arbeiten Sie mit Kindern? Warum sind Sie Erzieher*in?

Der Weg ist das Ziel! Seit 20 Jahren sammle ich bei der Beratung und Prozessbegleitung von Erzieher*innen und Leitungskräften aus Kitas und Teams aus anderen sozialen Einrichtungen Erfahrungen und habe erkannt, wie hilfreich die systemische Sichtweise auf Organisationen sein kann. Als Coach, systemische Organisations- und Prozessbegleiterin sowie Weiterbildnerin schlägt mein Herz nach wie vor für Kinder, aber seit Langem auch für die pädagogischen Fachkräfte, mit denen ich arbeite. Die meisten sind mutig, offen, neugierig und bereit, sich und ihre Arbeit immer wieder in Frage zu stellen, obwohl die Ansprüche gestiegen und die Bedingungen herausfordernder sind. Doch was treibt diese Erzieher*innen an? Was haben sie für ein Menschenbild, Bild vom Kind? Und wie schaffen sie es, sich immer wieder selbst zu motivieren?

Wir alle haben den gleichen Auftrag als Erziehende: Kinder auf ihrem individuellen Weg in die Welt zu begleiten, sie zu inspirieren damit sich ihre Lernlust, Wissbegierde und Begeisterung entfalten kann und sich so bestenfalls ein Forscherdrang ausprägt. Sie sollen kompetente Weltbürger*innen werden – doch welche Kompetenzen und Fähigkeiten brauchen sie, um ihr Leben in der Zukunft zu meistern? Zuversicht, sicherlich auch Risikobereitschaft und die

---

1 LISETTE UND IHRE KINDER – Ein Dokumentarfilm auf DVD, Produktion: Deutschland, 2008, Regie: Klausmann, Sigrid.
2 Ebd.

Fähigkeit zu kooperieren, sind meiner Meinung nach fundamentale Kompetenzen sowie auch die Bereitschaft ökologisch zu handeln, die Natur zu schützen und im Gemeinwesen aktiv zu sein. Aber was unsere Kinder in der Zukunft genau erwartet, wissen wir nicht! Was für ihr künftiges Leben von Bedeutung ist, können wir heute nur erahnen und versuchen, die Weichen entsprechend zu stellen. Doch wie erreichen wir das?

Zumal kein Kind dem anderen gleicht und kein Tag wie der andere ist. Die Inhalte und Ziele unserer pädagogischen Arbeit, also das *Was,* werden im Alltag über Bildungspläne, Projektarbeit oder Trägervorgaben bestimmt. Es bleibt das *Wie?*

Mit *Wie* meine ich die innere Haltung, die Grundeinstellung, also die Leidenschaft oder Berufung, die von Anfang an da sein muss, um erfolgreich mit Kindern zu arbeiten. Ich kann auch hier wieder aus meiner eigenen Erfahrung sagen, dass Bindung und Beziehung die Basis für eine gelingende Frühpädagogik sind. Ein Kind kann sich nur gut entwickeln, wenn es sich ernst genommen, akzeptiert und geliebt fühlt. Das Kleinkind lässt sich nur auf ein Spiel ein, wenn es Beziehung spürt, die ehrliche Zugewandtheit und eine wohlwollende Grundhaltung erlebt und sich wohlfühlen, vertrauen kann. Ein Schulkind kann nur gut lernen, wenn es weiß, hier werde ich nicht ausgelacht oder vorgeführt, hier sieht man meine Stärken, meine Einzigartigkeit und nicht nur meine Schwächen, Defizite und Fehler und vor allem: Ich darf Fehler machen. Eine fehlerfreundliche Lernatmosphäre ermöglicht eigene Erfahrungen, die zu Erkenntnissen führen und dem Kind zeigen: »Ich kann …!«

> Welche Haltung, Werte und Einstellungen haben Sie in den letzten Jahren beeinflusst oder beeinflussen Sie in Ihrer täglichen Arbeit in der Kindertagesstätte immer noch?
> Was ist Ihnen wichtig und warum?
> Was sind Ihre Kernkompetenzen? Ihre Stärken und Talente?
> Schreiben Sie auf, was Sie an- und umtreibt. Wann finden Sie Zeit, um sich mit den Kolleg*innen darüber auszutauschen?

1.1 Das Bild von der Fachkraft

Erzieher*innen sollten sich immer mit ihrer ganzen Persönlichkeit einbringen. Sie sollten den Kindern ein realistisches und authentisches Vorbild sein, selbstreflektiert und mit einer natürlichen Autorität ausgestattet sein. Sie sollen über Methoden-, Fach- und personelle Kompetenzen verfügen, aber auch handwerkliches Geschick und musikalische Grundfertigkeiten aufweisen. Natürlich sollen sie auch sensibel sein, rhetorisch gut geschult und auf dem neusten Stand der Medienvielfalt, um die Weichen in Richtung Zukunft zu stellen. Hört sich schwierig an? – Ist es auch! Da es von pädagogischen Fachkräften abverlangt, dass sie sich immer wieder mit sich selbst beschäftigen und ihr Denken und Handeln reflektieren.

Eine der grundlegenden Fähigkeiten im Spannungsfeld der unterschiedlichen Erwartungen und Ansprüche – sowohl das persönliche Leben als auch die professionelle, qualitätsgeprägte pädagogische Arbeit betreffend – ist die Selbstreflexion und die eigene Weiterentwicklungskompetenz. »Realistisch« bedeutet in diesem Kontext nicht gut oder schlecht, sondern echt und wirklichkeitsnah. Dies setzt voraus, dass pädagogische Fachkräfte bereit sind, sich selbst immer wieder infrage zu stellen, ohne permanent an sich zu zweifeln.

Haben Sie sich vor diesem Hintergrund schon einmal mit Ihrem eigenen *inneren Kind* beschäftigt? Es schlummert in jedem von uns. Wenn wir heute mit Kindern und deren Eltern arbeiten, müssen wir uns immer bewusst machen, dass unsere eigene Biografie, unsere eigenen Erfahrungen, Vorstellungen und Glaubenssätze unser Handeln und Verhalten prägen. Die Selbstreflexion und das bewusste Auseinandersetzen mit der eigenen Identität und Rolle sind wichtige Eigenschaften, denen gerade Erzieher*innen nachgehen sollten. Die Identitätsfrage, die sich immer wieder neu stellt, wird nicht nur von uns selbst beantwortet, sondern auch von unserer Umgebung. Kolleg*innen und Eltern, vor allem aber die Kinder, spiegeln uns und zeigen sehr deutlich auf, was uns ausmacht und was eben nicht. Leider fehlt uns manchmal die Bereitschaft oder auch das Können, diese Rückmeldungen richtig zu interpretieren. Häufig verstehen wir sie als Vorwurf oder Provokation. Der Blick nach innen tut daher von Zeit zu Zeit nicht nur gut, sondern ermöglicht uns zu wachsen und uns weiterzuentwickeln.

Überlegen Sie, ob es vielleicht innere Überzeugungen oder gar Blockaden wie z. B. Demütigungen, Kränkungen oder Enttäuschungen gibt, die Ihrem inneren Kind immer noch wehtun und Ihnen somit heute als erwachsenem Menschen im Wege stehen und an denen Sie arbeiten sollten? Prüfen Sie, ob es wiederkehrende Situationen gibt, in denen Sie immer wieder gleich reagieren, obwohl sie schon vorher wissen, dass es nicht gut ausgeht. Oder anders, wenn Sie bereits im Beruf angekommen sind oder schon jahrelang in der Krippe/Kita arbeiten: Gibt es vielleicht den*die eine*n oder andere*n Kolleg*in/Mutter/Vater/Vorgesetzte*n, mit dem*der Sie immer wieder aneinander geraten? Nach dem Motto: »Wenn ich den*die schon sehe …« Oder gibt es Dinge/Situationen/Personen, die Sie bewusst ver-

> meiden, obwohl Sie sich diesen eigentlich stellen sollten? Oder reagieren Sie auf bestimmte Kinder mit ihren Verhaltensweisen besonders ungehalten und Sie wissen nicht, warum oder wie Sie damit angemessen umgehen können? Reflektieren Sie anhand eines konkreten Beispiels, das noch nicht allzu weit zurückliegt: Inwieweit wurde Ihr Handeln durch alte Glaubenssätze oder Denkmuster aus ihrer eigenen Kindheit bestimmt?

Das Glück unseres Lebens hängt von der Beschaffenheit unserer Gedanken ab. Es geht um die Fragen: Warum tun wir etwas und warum nicht? Warum reagieren wir auf bestimmte Dinge und auf andere wiederum nicht? Und vor allem: Wie tun wir etwas? Was beeinflusst unser Denken, Fühlen, Handeln? Der folgende Satz soll diesen Gedankengang abschließen und Sie zum weiteren inneren Dialog (mit Ihrem eigenen inneren Kind) einladen:

Vielleicht werden wir ein Leben lang nicht als das erkannt, was wir sind. Es sei denn, wir fangen an, uns selbst zu genügen.[3]

Jede*r von Ihnen hat seine*ihre eigenen persönlichen Stärken (und natürlich auch Schwächen, um die es aber bei der ressourcenorientierten Arbeit nicht geht). In der Arbeit mit Menschen, vor allem mit Kindern, ist es wichtig zu wissen: Wer bin ich? Was kann ich? Und genüge ich mir selbst? Neben den individuellen Fähigkeiten und ganz persönlichen Talenten gibt es viele Ressourcen, die in jedem Menschen schlummern. Manche sind stärker, andere schwächer ausgeprägt, einige wollen trainiert werden und einige verschwinden, wenn wir uns nicht um sie kümmern.

Zu den psychischen Ressourcen zählen beispielsweise Selbstwirksamkeitserwartungen und Verhaltenssteuerung, ein positives Selbstkonzept, Umgang mit Emotionen, Problemlösungsfertigkeiten etc. Physische Ressourcen umfassen körperliche Gewandtheit, bestimmte Bewegungsfähigkeiten, Ausdauer, Kraft, Schnelligkeit etc. Soziale Ressourcen beschreiben die Kompetenzen einer Person im Umgang mit anderen. Ressourcen erlauben uns, auch mit belastenden Lebensumständen und persönlichen Problemen konstruktiv umzugehen und schwierige Situationen nicht als Belastung, sondern als Herausforderung zu sehen. Seit geraumer Zeit werden diese Fähigkeiten auch in dem Begriff Resilienz (Widerstandsfähigkeit) zusammengefasst.

---

3   Ursula Günster-Schöning.

Daher bezeichnet man sie auch als Lebenskompetenzen (Life Skills). Die WHO (Weltgesundheitsorganisation) hat Lebenskompetenzen benannt, die es ermöglichen, dass Menschen Anforderungen nicht als Belastung, sondern als eine produktive Herausforderung erleben. Diese lauten wie folgt:

[…] individuelle, zwischenmenschliche, kognitive und körperliche Fähigkeiten und Kompetenzen, die es Menschen ermöglichen, das eigene Leben zu meistern und zu gestalten sowie Kraft zu entwickeln, mit Veränderungen zu leben und Veränderungen in ihrer Umwelt herbeizuführen.[4]

Diese Lebenskompetenzen sind für den pädagogischen Alltag sehr wichtig. So sollten Sie sich besonders in Ihrer Rolle als Erzieher*in mit Ihren Stärken auseinandersetzen und sich derer bewusst sein, denn das Wissen um ihre Lebenskompetenzen gibt Ihnen eine Grundsicherheit, auch in äußeren Anbindungen Unterstützung und Halt zu finden.

Erst wenn Sie als Erzieher*innen diese eigene Sicherheit, mit der positiven Sicht auf Ihre Stärken, verinnerlicht haben und in dem Gefühl arbeiten, dass Sie ihre Aufgaben bewältigen können, sind Sie in der Lage, mit Stress und Belastungssituationen angemessen umzugehen. Ein Gefühl der Sinnhaftigkeit und Selbstwirksamkeit entsteht, wenn die Ziele der Einrichtung im Einklang mit persönlichen Einstellungen und Ansprüchen stehen. Erst dann können Sie erkennen, welche Potenziale bei anderen, vor allem mit Blick auf die Kinder (Eltern, Kolleg*innen), vorhanden sind. Wissen Sie nicht, was Sie können, was in Ihnen steckt, trauen sich selbst nur sehr wenig zu, dann können Sie auch nicht die Möglichkeiten in Ihrem Gegenüber wahrnehmen und entdecken.

> Kennen Sie Ihre Stärken? Ihre Talente und Ressourcen? Was macht Sie aus bzw. einmalig? Legen Sie hier und jetzt Ihr eigenes Kompetenzprofil mit Ihren Stärken und Talenten an. Leitfragen dazu finden Sie im Kapitel 5 *Stärkenorientierte Beobachtung und Dokumentation*. Listen Sie auf, was Sie gut können, was Sie als Erzieher*in ausmacht und was Sie sich unbedingt bewahren wollen.

Jede Kita steht in einem permanenten und dynamischen Prozess der Veränderung, an dem Kinder, Eltern, pädagogische Fachkräfte, Träger und weitere Akteure im System beteiligt sind. Dieser Prozess ist nicht frei von äußeren Ein-

---

4   WHO, 1993.

flüssen und wird sich deshalb immer auch auf aktuelle bildungspolitische und gesamtgesellschaftliche Entwicklungen beziehen. Die Liebe zum Beruf und im speziellen die zu den Kindern ist dabei ein starker Motor, manchmal jedoch auch eine der größten Fallen im Erziehungsalltag. Denn viele Erzieher*innen geben viel von sich und ihrer Kraft, ohne auf den eigenen Akku zu achten, ihn wieder aufzuladen. Meinen alles schaffen zu müssen und ermöglichen Dinge, die oft weit über das normale Maß hinausgehen. So können Arbeitszusammenhänge in der Kita fördernde als auch schnell beeinträchtigende Auswirkungen auf die eigene Gesundheit und Zufriedenheit haben. Damit Sie als pädagogische Fachkraft kompetent und engagiert arbeiten können, also Ihren Beruf gerne ausüben, ist es auf Dauer unerlässlich, dass Sie Strategien und Maßnahmen entwickeln, die auf den Erhalt und die Förderung der eigenen Gesundheit und des eigenen Wohlbefindens ausgerichtet sind. Dazu gehören z. B. ausreichende Gelegenheiten, die eigenen Kräfte immer wieder zu regenerieren, um neue Motivation für den Alltag in der Kita zu gewinnen. Weitere förderliche Aspekte für Ihre Zufriedenheit und Ihr Wohlbefinden könnten dabei ausreichende Entscheidungsspielräume, vielfältige und abwechslungsreiche Aufgabenfelder, transparente Informationen und Beteiligungsmöglichkeiten sowie eine explizite und wiederkehrende Anerkennung der geleisteten Arbeit sein (vgl. Bertelsmann Stiftung 2012, S. 44-47).

Leider fehlt diese Anerkennung oft, und statt Dank, Lob und Wertschätzung für das tägliche Bemühen ernten pädagogische Fachkräfte oft nur Gleichgültigkeit, Missachtung oder gar Kritik. Vieles von ihrem Engagement wird als normal abgetan oder schlichtweg vorausgesetzt. Ein gesundes Maß an Engagement und Einsatz ist wichtig und richtig. Wer sich aber aus einer leidenschaftlichen Engagiertheit zu den Kindern heraus aufopfert, viel mehr arbeitet, ohne entsprechend vergütet zu werden, und das häufig über die normale Arbeitszeit hinaus, wer es allen recht machen will und den Eltern Sorgen und Nöte jederzeit abzunehmen versucht, wer unter ständigem Zeitdruck arbeitet, häufige Unterbrechungen bei seinen anspruchsvollen Aktivitäten mit den Kindern erlebt, fachliche Überforderungen und auch körperlichen Fehl- oder Überbelastungen ausgesetzt ist, wird auf Dauer frustriert und krank werden (vgl. Bertelsmann Stiftung 2012, S. 46-47).

Zudem erlebe ich seit einiger Zeit immer häufiger, dass viele Erzieher*innen sich ausgebremst fühlen und ermattet sind, die Leidenschaft für den Beruf aus den zuvor benannten Gründen langsam schwindet. Zu viele Verpflichtungen, Veränderungen und Stresssituationen haben ihnen den Zugang zum Wesentlichen, den Kindern und ihrer damit verbundenen Arbeit verstellt, sodass sie sich wie ausgebrannt fühlen. Mit dem eigenen Anspruch, allen (Kindern, Eltern, Mitarbeiter*innen, der Leitung und Trägervertreter*innen) im Alltag gerecht zu werden, überfordern sie sich. Auch fordert das mangelnde Wissen um ein gutes Zeit-, Ressourcen- und Stressmanagement sowie die eigene Gesunderhaltung seinen Preis, sodass Kraftreserven schnell erschöpft sind.

> Sind Sie sich der Bedeutung von Gesundheitspotenzialen in Ihrem Arbeitsalltag bewusst? Und wenn ja, wie fördern sie diese nachhaltig? Halten Sie Ihre Pausen ein und nutzen diese, um z. B. in Ruhe zu essen oder sich zu erholen? Kennen Sie Ihre Hauptbelastungen und deren Beanspruchungsfolgen? Und wenn ja, wie versuchen Sie diese durch entsprechende Maßnahmen zu reduzieren bzw. zu minimieren?

Hinzu kommt häufig, dass bei vielen Erzieher*innen, die schon länger im Beruf stehen, zu spüren ist, dass ihre Konzepte von Kindheit – gefühlt und manchmal auch real – nicht mehr stimmig sind. Orientiert an der heutigen Kindheit stimmen ihre gemachten Kindheitserfahrungen mit denen heutiger Kinder und Eltern nicht mehr überein. Das führt zu weiterem Frust, Missverständnissen in der Kommunikation mit Eltern und sogar zu innerer Unruhe oder Leere, da sie eine Werteverschiebung erleben und diese nicht immer mittragen können oder wollen. Kein Wunder also, dass das die Leidenschaft und das Engagement mindert. Der tägliche Spagat wird immer größer und angesichts teilweiser schlechter Rahmenbedingungen und vielfältiger Herausforderungen fordert er zunehmend seinen Tribut ein. Was in diesen Fällen hilft, ist Unterstützung durch gezielte Weiterbildung, persönliches Coaching und aktive Fallberatung. So können sie dann gleichsam auch dem eigenen Anspruch an Weiterentwicklung gerecht werden. Vor diesem Hintergrund ist es notwendig, dass pädagogische Fachkräfte regelmäßig an Fort- und Weiterbildungsveranstaltungen teilnehmen, ihre Erkenntnisse und Kompetenzen in diesem Zusammenhang überprüfen, im Team besprechen und diskutieren oder mit einer externen Prozessbegleitung oder Fachberatung reflektieren und bearbeiten.

Viele Fortbildungen, Coachings und Prozessbegleitungen habe ich in den letzten zwanzig Jahren mit pädagogischen Fachkräften bundesweit absolviert. Dabei fiel mir eins immer besonders auf: Ganz gleich, wie bescheiden die räumlichen und personellen Bedingungen, wie schlecht die Bezahlung und unsicher die Stelle sind, zu einer thematischen oder persönlichen Weiterbildung waren die meisten Erzieher*innen immer motiviert und bereit. Und das ist nicht selbstverständlich. Es zeigt aber, dass der Beruf eben doch mehr ist als nur ein Job, den man irgendwie erledigt. Glücklicherweise reichen dann auch meistens wenige Impulse, Fragestellungen oder Anregungen, reicht ein entscheidender Funke aus, um das Feuer im Herzen wieder zu entfachen und die wohltuende

Wärme und das Knistern wieder zurückkehren zu lassen. Die vielen schönen Momente mit den Kindern, das Strahlen in ihren Augen, das ehrliche Zu- und Vertrauen, das sie geben, sowie die vielfältigen, teilweise kreativen Aufgaben, das Mitgestalten und Entwickeln, können letztendlich doch überwiegen, sodass viele Erzieher*innen lebenslang im Beruf bleiben. Von daher mein Appell an alle, egal ob Neueinsteiger*in, erfahrene Fachkraft oder kurz vor der Rente: Bewahrt Euch die Leidenschaft, nutzt Eure Ressourcen und achtet auf Eure Gesundheit!

Ich empfehle hierzu, sich immer wieder die Frage zu stellen: Wie gehe ich eigentlich mit Druck, Stress und Erwartungshaltungen um? Wie steht es um meine Resilienzfähigkeit? Was unternehme ich für meine Psychohygiene, meine persönlichen Kraftreserven, meine Haltung, meine Zufriedenheit und mein Wohlbefinden?

> Stellen Sie an dieser Stelle eine Liste mit Ihren persönlichen Kraftquellen zusammen, aus denen Sie neue wohltuende Kraft tanken können, die helfen, Stress abzubauen, um sich selbst wieder zu sammeln und um die eigenen Ressourcen zu schützen und zu pflegen. Legen Sie sich ein, zwei Motivationssprüche zu, nutzen sie inspirierende Bücher, sportliche Aktivitäten oder Entspannungsaktionen. Gibt es vielleicht etwas, was Sie im Team gemeinsam für sich tun können und wollen?

Würde man die Wünsche und Erwartungen aller Beteiligten – von Kindern, Eltern, Kolleg*innen, dem Träger und anderen Institutionen – an eine*n Erzieher*in zusammentragen, gäbe es wahrscheinlich viele, die sagen würden: »Das kann ich nicht alles leisten!« Vielleicht würden sie daraufhin auch lieber gar nicht erst Erzieher*in sein wollen oder würden sich der Herausforderung zwar stellen, hätten aber ständig das Gefühl, den Erwartungen nicht zu genügen. So ist es wichtig, sich seiner eigenen Stärken und Fähigkeiten, vor allem aber der Kraftquellen bewusst zu sein, um die vielfältigen Situationen und Herausforderungen meistern zu können.

Niemand muss alles können

Es ist erlaubt, Fehler zu machen. Und das gilt vor allem für Erzieher*innen, die ja auch Kindern dieses Recht zugestehen und zu deren Vorbild werden. Ich muss nicht in allem perfekt sein. Ich muss nicht alles können. Gesunde Gelassenheit und die Bereitschaft, an sich zu arbeiten, sind ein Garant für eine realistische Sicht auf die Dinge und Menschen. Und vor allem: Man darf sich Hilfe holen oder Aufgaben abgeben, die einem als zu groß erscheinen. Wichtig sind die Authentizität und das positive Selbstkonzept auf der einen sowie das Bewusstsein um die eigenen Fähigkeiten auf der anderen Seite. Sich eigene Schwächen eingestehen zu können, um an den Aufgaben und Herausforderungen zu wachsen, ermöglicht erst, dass Menschen echt und vertrauenswürdig wirken. Denn sie stehen zu dem, was sie sagen und was sie ausmacht; Stärken und Fehler eingeschlossen.

Um Vertrauen von Kindern, Eltern und allen anderen am Erziehungsprozess Beteiligten zu erhalten, sollten Sie sich selbst vertrauen – auf Ihre Intuition, Ihr Bauchgefühl, Ihr Fachwissen, Ihre Fertig- und Fähigkeiten, Ihre Stärken und Ressourcen, Ihre Bereitschaft, es gut machen zu wollen. Dieses Vertrauen spüren die Kinder und lernen damit auch eigenes Selbstvertrauen aufzubauen. Vertrauen Sie auf die kindliche Entwicklung und den Selbstbildungswillen.

1.2 Unser Menschenbild? – Das Bild vom Kind!

Menschen sind soziale Wesen. Sie haben ein Grundbedürfnis nach Zugehörigkeit und Verbundenheit, wollen akzeptiert und toleriert werden. Menschen brauchen Menschen, um Mensch zu sein. Die Bindung bildet dabei die Grundlage für Bildungsprozesse. Zuhören, begleiten, Interesse zeigen, Kinder in ihrer Einzigartigkeit wahr- und ernstnehmen, ihr Spielen und Lernen wertschätzen und ihnen mit Respekt und Achtung begegnen, sind Haltungen, die das Bild vom Kind prägen. Damit Lernerfahrungen für Kinder bedeutsam sind, müssen ihnen kindgerechte und lebensweltbezogene Anregungen zur Verfügung stehen und ihre individuellen Bedürfnisse und Stärken wahrgenommen, reflektiert und begleitet werden. Solch ein Bild bejahen in der Regel alle Erzieher*innen sehr. Dennoch fällt es vielen zunehmend schwer, dieses auch im Alltag aufrechtzuerhalten.

Der Alltag mit seinen vielen Herausforderungen, Aufgaben, Pflichten und Stressmomenten lässt das Kind manchmal in den Hintergrund treten. Dabei sind gerade die Kinder das Wichtigste in der Einrichtung und nicht die vorgeschriebene Dokumentation oder Hygienerichtlinie. Ein – auf individuelle, kindzentrierte Ziele – ausgerichtetes pädagogisches Handeln und eine responsive (feinfühlige) Herangehensweise legen daher die Basis für ein gesundheitsförderliches Verhalten der Kinder und eine ganzheitliche Entwicklung. Alle daran angelegten pädagogischen Aktivitäten werden ihre Wirkung jedoch nur entfalten können, wenn sie in ein ganzheitliches Bildungs- und Erziehungskonzept eingebettet sind, das die gesamte Lebenswelt der Kinder in den Blick nimmt und sie in den Mittelpunkt des erzieherischen Tuns stellt. Denkt man also in erster Linie an die Kinder, aber nicht für sie, und dann darüber nach, wie Kinder denken, was sie denken und für was sie sich gerade interessieren, ergibt sich hieraus die

Basis für das pädagogische Handeln. Seien Sie daher feinfühlig, sensibel, achtsam, aufmerksam und neugierig auf das Kind und seine Gedanken. Nehmen Sie eine forschende Haltung ein.

Her mit dem wunderbaren Leben!

Mit Kindern arbeiten, heißt, gemeinsam mit ihnen die Welt neu entdecken. Seien Sie daher selbst Forscher*in, Entdecker*in und Lernende*r. Seien Sie offen für die Fragen, Ideen, Gedanken und Talente der Kinder und loben Sie bewusst, denn oberflächliches Lob nimmt das Kind kaum ernst, wenn es nicht auch selbst von seiner eigenen Leistung überzeugt ist.

Kinder müssen sich ausprobieren, damit sie sich ein eigenes Bild von der Welt machen können. Daher gehen sie auch nie den geraden Weg von A nach B, sondern immer Umwege. Das erweitert ihre Ortskenntnis und führt zu Einsichten und Erkenntnissen. Neugierde, der Motor jeglichen Lernens, treibt sie dabei an. Die Neugierde der Kinder ist ausgerichtet auf Personen, Objekte, Situationen etc. Sie wollen das ganze Leben entdecken und für sich erobern. Wer keine Neugierde mehr hat, kann sich auch nicht weiterentwickeln. Ein Grund, warum auch wir als pädagogische Fachkräfte uns die eigene Neugierde bewahren und erhalten müssen. Das ist eine wichtige Fähigkeit von Erzieher*innen: neugierig sein! Neugierig auf die Kinder, die Eltern, die Entwicklung, die Welt und das Leben – staunen, begeistert sein und diese Begeisterung weitergeben können. Nur so können Anstrengungen lustvoll gemeistert werden. Es ist wichtig, das zündende Feuer zu sein, damit der Funke der Begeisterung auf die Kinder überspringt. Seien Sie wach, interessiert und offen für die kindlichen und gesellschaftlichen Entwicklungen, um mit Neugierde Dinge zu erforschen. Fortschritt und Problemlösung ist oft auf bekannten Wegen nur bedingt zu erreichen. So wissen wir beispielsweise heute, dass wir (insbesondere in den Industrieländern der ersten Welt) durch den konsumbetonten Lebensstil unseren Planeten und damit die Zukunft der Kinder gefährden. Dennoch sehen die meisten Menschen sich trotz dieses Wissens aber kaum in der Lage, ihr Konsumverhalten zu verändern. Wer neue Lösungen will, muss bereit sein, Altes loszulassen und neue Wege zu gehen. Unsere Grundhaltungen werden daher auch nicht durch Worte vermittelt, sondern durch Beispiele. Was wir vorleben, prägt die Kinder für ihr gesamtes Leben. Daher sollten Erzieher*innen ein authentisches Vorbild sein und über eine klare Haltung, Geduld und sehr viel Einfühlungsvermögen verfügen, um mit Kindern zu arbeiten. Die sogenannte Empathiefähigkeit bildet dabei das Fundament.

Wichtig ist, dass bei der Beobachtung der Kinder keine Fehlersuche im Fokus steht, sondern vielmehr eine Schatzsuche. Es gilt, nicht die Schwächen in den

Vordergrund zu rücken, sondern die Potenziale und Talente. Jeder ist einmalig, jeder kann etwas, jeder darf anders sein, ist wertvoll. Erzieher*innen von heute sollten Schatzsucher*innen sein und ressourcenorientiert in der Kindertagesstätte arbeiten, um ein Gefühl von Einmaligkeit und Solidarität zu vermitteln.

Das alte »Wir« war ein »Wir«, zu dem wir geworden waren. Das neue »Wir« ist dabei, ein »bewusstes Wir« zu werden, das wir selbst aktiv gestalten. Das sei der kleine aber gewaltige Unterschied zwischen gestern und morgen.[5]

> Wie deuten Sie das Zitat von Gerald Hüther?
> Wo finden sich in Ihrer Kita Möglichkeiten und Situationen für Kinder, ihre Einzigartigkeit sowie auch Solidarität (Zusammengehörigkeitsgefühl bzw. Verbundenheit) zu erleben?

Das Miteinander im Gesprächskreis der Kinderkonferenz oder des Singkreises ist eine gute Möglichkeit, um Solidarität zu spüren, das Portfolio eine, um die Einzigartigkeit eines Kindes auszudrücken und sichtbar zu machen. Diese zweckgerichtete Sammlung der Arbeiten eines Kindes, zeigt ihm*ihr die eigenen Anstrengungen, den eigenen Fortschritt und den aktuellen Leistungsstand an. Es hilft, die Entwicklung der Kinder zielgerichtet zu beobachten und zu dokumentieren, vor allem aber positiv zu fördern. Lerngeschichten, basierend auf den *learning stories* von Margaret Carr, zeigen einen weiteren Weg, wie eine Beobachtungsdokumentation an den fünf Lerndispositionen ausgerichtet sein kann:
1. Interessiert sein,
2. engagiert sein,
3. standhalten bei Herausforderungen und Schwierigkeiten,
4. sich ausdrücken und mitteilen können,
5. an einer Lerngemeinschaft mitwirken und Verantwortung übernehmen.

Das Einfachste ist, dass man Kindern das Gefühl gibt, dass sie angenommen sind, dass sie wichtig sind, dass sie nicht gedemütigt werden, dass sie nicht in Schubladen gepackt werden, dass sie nicht separiert werden, sondern dass man einfach zulässt, dass jeder etwas besonders gut kann und sich das zunutze macht.[6]

---

5   Hüther, G. (2011): Was wir sind und was wir sein könnten. Ein neurobiologischer Mutmacher. Frankfurt a. M., S. 31.
6   Kahl, R. (2004): Treibhäuser der Zukunft. Weinheim, S. 83.

Dies ist in Bezug auf die Kinder und auf sich selbst wichtig. Schon in der Krippe kann die Schatzsuche mit Portfolios beginnen.

Der Säugling verfügt über genügend Möglichkeiten, auf das interaktive Geschehen mit den Eltern und sogar zwischen ihnen einzuwirken. Er macht sich verbal und nonverbal bemerkbar, um sich an Interaktionen zu beteiligen. Wenn aber schon der Säugling in begrenztem Sinn als kompetent beschrieben wird, um wie viel mehr ist es dann das heranwachsende, motorisch, intellektuell und sprachlich unabhängiger werdende Kind?[7]

Kinder in diesem Alter haben schon ein recht genaues Bild von ihrer Welt und lernen ständig dazu, saugen alles auf, was sie an Reizen, Informationen und Eindrücken umgibt – wenn wir als Erwachsene sie lassen und die Schätze in ihnen entdecken. Kinder tragen viele Potenziale in sich, die sie brauchen, um ihr Leben zu meistern. Darüber hinaus brauchen sie natürlich auch weiterhin die Unterstützung ihrer Umwelt, sprich der Eltern und Erzieher*innen, die mit ihnen zusammen die Welt erobern.

Die Aufgabe der Umgebung ist es allerdings nicht, das Kind zu formen und in eine Passform zu quetschen. Vielmehr sollen wir ihm à la Maria Montessori erlauben, sich zu offenbaren, sollen die Einmaligkeit seines Wesens ernst nehmen und auf seinen Selbstbildungswillen vertrauen. Wir brauchen und dürfen Kinder demnach nicht nach unseren Vorstellungen in bestimmte Richtungen erziehen, sondern sollen schauen, was das Kind selbst mitbringt, um daraus Möglichkeiten für unsere Unterstützung in der kindlichen Entwicklung zu erarbeiten.

> Haben Sie sich bereits auf Schatzsuche begeben? Haben Sie Potenziale und Ressourcen bei den Kindern entdeckt? Oder anders, welches Bild vom Kind prägt Ihr Handeln?
> Loben und ermutigen Sie konkret, zeitnah und ohne angehängte Kritik? Erkennen Sie die Leistung der Kinder aufrichtig an? Sind sie ein gutes Sprachvorbild? Wenn ja, wie wird das deutlich? Haben Sie eine dialogische Haltung? Wenn ja, woran merkt man das? Wo, wie und wann beteiligen Sie die Kinder, lassen diese mitbestimmen oder abstimmen? Wertschätzen Sie Vielfalt? Wie wird das im Alltag spürbar? Haben Sie Spaß und Freude am Tun? Wie zeigt sich das? Wann haben Sie das letzte Mal mit den Kindern Quatsch gemacht, laut und schallend gelacht? Fragen, die Sie auch gut mit Kolleg*innen diskutieren können.

---

[7] Tschöpe-Scheffler, S. (2002): Kinder brauchen Wurzeln und Flügel. Mainz, S. 84.

Um Kinder ermutigen zu können, neugierig auf die Welt und das Leben zu sein, bedarf es einer positiven Wahrnehmung des Kindes und des Glaubens an das Kind. Denn jedes Kind ist darauf angewiesen, dass seine Bezugsperson an seine Entwicklungsmöglichkeiten glaubt. Dieser Glaube an das Kind überträgt sich, ist wie eine Saat, die wächst und gedeiht. Der Glaube an die unerschöpflichen Möglichkeiten, die in jedem Kind stecken, hilft sie zu realisieren, macht die eigentliche Erziehung und somit Entwicklungsbegleitung aus. Ermutigende Worte, wie »Du kannst es schaffen«, »Du machst Fortschritte«, »Das ist schwierig, aber ich weiß, du wirst eine Lösung finden«, »Ich vertraue auf deine Fähigkeiten«, lassen bei Kindern den Glauben an sich selbst wachsen. Fehlen die ermutigenden Worte und dieser echte aufrichtige Glaube im Alltag, ist Scheitern oft vorprogrammiert. Denn dann ist es dem Erwachsenen nur noch wichtig, dass die Kinder sich so verhalten, wie er*sie es von ihnen erwartet. Die Überzeugung, dass Kinder sich nur zu einem ordentlichen Menschen entwickeln können, wenn sie die Verhaltensweisen zeigen, die Erwachsene als wünschenswert ansehen, versperrt den positiven, wohlwollenden Blick auf das Kind. Das darf nicht passieren.

Eine wohlwollende Haltung enthält folgende Grundelemente:
1. *Fürsorge,* die tägliche Sorge für das Leben und das Wachstum (körperlich, seelisch, geistig) für den, der uns anvertraut wurde.
2. *Verantwortungsgefühl,* die Antwort auf die ausgesprochenen oder unausgesprochenen Bedürfnisse eines anderen Menschen.
3. *Achtung,* den anderen zu sehen, wie er ist und seine einzigartige Individualität wahrzunehmen.
4. *Erkenntnis,* entsteht aus Fürsorge, Verantwortung und Achtung. Ich muss den anderen und mich selbst objektiv erkennen, um das irrational entstellte Bild überwinden zu können, dass ich mir von ihm mache.

> Wie sieht Ihre wohlwollende Haltung zu Ihrem Beruf und den Ihnen anvertrauten Kindern aus? Machen Sie sich Gedanken dazu und suchen Sie nach einem Symbol, das Ihnen passend für diese Haltung und die damit verbundenen Gefühle, Emotionen und Werte erscheint. Für welches Symbol haben Sie sich entschieden?

Um sich mit Kindern gemeinsam auf den (Entwicklungs-)Weg zu machen, sie zu ermutigen, zu inspirieren und einzuladen, sich die Welt zu erobern, dazu gehört auch, dass wir Kindern aufzeigen, dass ihre Worte und Gedanken wichtig sind. So wichtig sogar, dass sie von uns Erwachsenen aufgeschrieben werden. Notiert auf Zetteln, im Geschichtsbüchlein, in Bildungsbüchern oder eingebunden in Interviews und Lerngeschichten im Portfolio, damit das Kind sein eigenes Lernen und Weiterkommen später nachvollziehen, erkennen und sich daran erinnern kann. Das ist ganz entscheidend, denn über diesen Prozess erkennen Kinder: Ich bin wichtig! Meine Gedanken sind wichtig. Ich kann Einfluss nehmen, bewirke etwas, bin ein kompetenter Lerner und bin wichtig für diese Welt, kann Verantwortung für etwas oder jemanden übernehmen. Gruppendienste oder die Verantwortung für das Fischefüttern oder in der Forscherwerkstatt, die Mithilfe im Kita-Garten, den Tisch decken, das Laub fegen sind für Kinder vor diesem Hintergrund kein Spiel, sondern Arbeit, denn das Ergebnis wird im realen Leben gebraucht und macht stolz. Wenn wir so vorgehen, können Kinder sich positiv wahrnehmen.

Positive Selbstkonzepte sind das Fundament für ein erfülltes und eigenverantwortliches Leben und bilden das Rüstzeug, um ein gutes Leben führen zu können. Dieses positive Selbstkonzept kann sich nur bilden, wenn sich das Kind selbst als Akteur*in, als wichtigen Bestandteil einer Gruppe, einer Gemeinschaft und letztendlich der Welt erlebt. Es stellt sich daher die Frage, wie arbeiten Sie in der Kita mit den Kindern? Wie sieht das Kita-Konzept aus? Didaktisch-kommunikativ, inhaltlich variabel, systemisch vernetzt, prozessorientiert, Themen einbindend, Kinder partizipierend, situationsorientiert, ganzheitlich, bewegungsaktiv, als Wald- oder Strandkita, stadtteilorientiert, halb-, teil- oder ganz offen, partnerschaftlich? Verstehen Sie die Gesundheit und Bildung in ihrer wechselseitigen Verbundenheit? Was macht Ihre Kita aus?

> Wie arbeiten Sie in Ihrer Kita? Was gefällt Ihnen an Ihrer Kita? Was gefällt Ihnen an Ihrem Konzept und warum? Was würden Sie gern ändern und warum?
> Konzepte haben keinen Wahrheitsanspruch. Sie müssen immer wieder überprüft, diskutiert und weiterentwickelt werden. Wann haben Sie das letzte Mal über Ihr Konzept diskutiert? Daran gearbeitet? Es weiterentwickelt?

Und trotz aller Bemühungen erreicht Erziehung und positive Begleitung nicht alles

Wir haben, und das müssen wir uns immer wieder vor Augen führen, leider oder Gott sei Dank, nur begrenzten Einfluss auf die Entwicklung der Kinder. Wir sind Begleiter*innen und Beobachter*innen, Unterstützer*innen und Impulslieferant*innen – wir sind verantwortlich für ein Teilstück des Lebensweges der uns anvertrauten Kinder. Den Weg des Lebens müssen die Kinder selbst gehen. Das können und dürfen wir ihnen nicht abnehmen. Für uns als

Wegbegleiter*innen bedeutet das, dass wir lernen müssen, dies zu akzeptieren. Daher ist neben der Begleitung auch die Distanz wichtig. Wir können nicht alle Sorgen, Nöte und Probleme der Kinder und Eltern auf uns laden, sonst wird die Last zu groß und verstellt uns den Blick auf das Kind. Offenheit und Interesse ja, aber mit professioneller Nähe und eben auch Distanz. Die uns anvertrauten Kinder gehören uns nicht. Dennoch brauchen sie ein positives Selbstkonzept und stabile, verlässliche Beziehungen, um allein ihren Weg gehen zu können. Die Resilienzforschung und die Gesundheitsforschung zeigen, dass es Kindern möglich ist, auch Belastungssituationen gut zu bewältigen, wenn sie verlässliche Beziehungen und Bindungen aufgebaut haben. Wie so oft im Leben ist daher die goldene Mitte oder Balance zwischen empathischer, liebevoller Nähe und respektvoller, aufmerksamer Distanz der Königsweg, der ein gutes Vorankommen und Miteinander ermöglicht. So wie Sie auch im Alltag eine Balance zwischen freiem Spiel und angeleiteten, von Ihnen geplanten Angeboten finden, damit sich die Kinder gut entwickeln können und Lernerfolge haben, so bedarf es auch einer Balance zwischen Nähe und Distanz, zwischen kümmern und loslassen, begleiten und gehen lassen, unterstützen und fordern, Freiraum und Grenzen, Toleranz und Beharrlichkeit.

1.3 Erziehungspartnerschaft! – Denn Erziehung ist keine Privatsache

Die partnerschaftliche Zusammenarbeit zwischen Erzieher*innen, Eltern und Lehrer*innen mit dem Ziel, das jeweilige Kind nach besten Kräften in seiner Entwicklung zu unterstützen und zu fördern, ist ein spannendes, herausforderndes manchmal auch anstrengendes aber überaus wichtiges Ziel. Es ist die Chance und Herausforderung zugleich, neue Dimensionen einer Zusammenarbeit zuzulassen und einzugehen.

Erziehung ist keine ausschließliche Privatsache. Kinder bewegen sich in unterschiedlichen Lebenswelten und so häufig auch in einem täglichen Spannungsfeld zwischen Familie, Schule, Kita, Krippe, Tagesmutter, Hort oder offener Ganztagsschule und gesellschaftlichem Umfeld. In einer sich schnell verändernden Welt ist es umso wichtiger, zu überlegen, was unsere Kinder brauchen, um Bindung zu spüren, Beziehungen aufzubauen, positiv zu lernen und sich gut zu entwickeln. Dabei liegt gerade in der Tatsache, dass unsere Kinder sich täglich in verschiedenen Welten bewegen, eine große Chance: Wenn aus dem Nebeneinander von Familie, Kita und Schule, das oft genug als stressig und problematisch empfunden wird, eine bewusste Erziehungspartnerschaft wird, kann das positive Miteinander die Entwicklung der Kinder auf verantwortungsvolle Weise fördern.

Wenn wir die Kita als einen Ort der Übergänge im Rahmen der Erziehungspartnerschaft verstehen, hat er die Aufgabe, Übergänge so zu gestalten, dass sie von allen beteiligten Personen bewältigt werden können und die Erziehungspartnerschaft dabei als Nährboden wirkt, um Gemeinschaft zu erleben. Eine Gemeinschaft in der alle miteinander und aneinander wachsen können. Die Erziehungspartnerschaft ist somit gleich der Übergangsgestaltung ein längerfristiger Prozess, der von einer aktiv erfahrenen Solidarität lebt. Die Aufmerksamkeit der Erziehungspartnerschaft richtet sich dabei auf sämtliche Übergänge, von der Familie in die Krippe oder Kita, innerhalb der Kita oder zwischen zwei unterschiedlichen Kindertageseinrichtungen und der Grundschule oder/und der Ganztagsbetreuung/dem Hort. Kinder wie auch Eltern bewältigen Übergänge durch eine gelebte, auch kulturübergreifende Solidarität, wenn der Nährboden durch eine vertrauensvolle Erziehungspartnerschaft gelegt wurde. »Ich bin okay – du bist okay«, wäre vor diesem Hintergrund eine gute Haltung. Solch wichtige biografische Erfahrungen von Wandel und aktivem Veränderungsprozess innerhalb einer Solidargemeinschaft sind wichtig und prägend zugleich. Kinder und Eltern sollten daher durch die gelebte Erziehungspartnerschaft ein Zugehörigkeitsgefühl entwickeln können, um sich ihrer Ressourcen und Stärken bewusst zu werden. Nur so können sie Selbstwirksamkeit erfahren und sich als wertvollen Teil dieser Gemeinschaft erleben. All das hilft ihnen, auch künftige Veränderungen als Herausforderung zu sehen und auch in der Zukunft Übergänge aktiv zu meistern.

Ansätze für eine gelingende Kooperation von Kita und Eltern sind z. B.:
- Absprache gemeinsamer Aktionen (Hilfe geben, Hilfe annehmen),
- Nicht nörgeln, sondern offen ansprechen und benennen, was stört oder besser/anders gemacht werden kann,
- Austausch von Erfahrungen über den Bildungsstand der Kinder, damit die Arbeit transparent wird,
- Erarbeitung gemeinsamer Bildungsziele für das Kind,
- Unterstützung in familiären Erziehungsfragen (Elternbildung),
- Synergetische Erschließung von Ressourcen für Eltern und Kinder (Eltern sind in der Kita willkommen und bringen sich ein),
- Vernetzung aller für Kinder und Eltern relevanten Einrichtungen,
- Entwicklung einer Willkommenskultur, ernstnehmen und wertschätzen von Vielfalt,
- Erweiterung der Mitbestimmungsmöglichkeiten,
- Erneuerung und Intensivierung der Instrumente der Elterneinbindung (Selbstreflexion),
- Entwicklung neuer Formate, bei denen Eltern in die Planungen und konkreten Ausführungen involviert werden und so selbst zu aktiven Teilnehmer*innen und Akteur*innen werden, wie z. B. Elterntreffs, Elternkochgruppen, Dol-

metscher-Service, Ruck-Sack-Fit, Kaffee und Talk am Vormittag, Einzelberatung, Begleitservice für Behördengänge etc.

Die Zusammenarbeit und Vernetzung von Kita und Grundschule nimmt darüber hinaus einen immer größeren Stellenwert in Bezug auf eine gemeinsame Erziehungsverantwortung und Erziehungspartnerschaft ein.

Aus eigener Erfahrung und durch die Zusammenarbeit mit etlichen Bildungshäusern und dem Mitwirken in unzähligen Projekten zum Thema »Übergangsgestaltung« weiß ich, dass zahlreiche Projekte initiiert wurden, viele Einrichtungen sich auf den Weg gemacht haben und die Kooperation und das Zusammenwachsen von Elementar- und Primarbereich Fahrt aufgenommen haben. Allerdings gibt es auch immer noch Regionen, in denen die Akteur*innen mit Ihren Bemühungen um ein Zusammenwachsen ganz am Anfang stehen. Der innere Drang der Erzieher*innen nach Kooperation, Selbstbildung und Reflexion ist dabei häufig der Motor für Zusammenwachsen und Entwicklung. Auch zeigt sich oft, dass seitens der päd. Fachkräfte aus dem Kita-Bereich vermutet wird, dass Grundschulkräfte andere Vorstellungen von Schulfähigkeitskritererien zugrunde legen. Dies ist in der Regal auch so. Daher gilt es, diese zu diskutieren und anzupassen, um einen Konsens zu entwickeln, da die häufig unterschiedlichen Schwerpunkte der Schulvorbereitung beider Einrichtungen unverzichtbare Faktoren für eine optimale Vorbereitung der Kinder bilden.

Meiner Meinung nach bedarf es auch weiterhin einer enormen Beharrlichkeit und einem großen Durchhaltevermögen seitens der Kita, um Veränderungen im Zusammenwachsen von Kita und Grundschule zu ermöglichen. Bitte tun Sie mir den Gefallen, bleiben Sie dran!

Zu oft habe ich erlebt, dass zu gemeinsamen Kooperationsveranstaltungen zwischen Kitas und Grundschulen fast ausschließlich Erzieher*innen kamen. Mag sein, dass die Teamentwicklung und die Selbstreflexion bei Erzieher*innen stärker angelegt sind und somit dazu beitragen, stetig an der eigenen fachlichen Kompetenz zu feilen. Mag auch sein, dass Lehrer*innen noch nicht so weit sind, um Schule neu zu denken. Aber die Schule muss sich genauso verändern, wie es die Kindertageseinrichtungen in den letzten Jahren getan haben, sonst laufen wir sehenden Auges in eine Sackgasse. Unser Bildungssystem pfeift jetzt schon aus dem letzten Loch. Und durch Entwicklungen, wie die Zunahme erziehungsschwacher oder unwilliger Eltern, AD(H)S-Kindern, aggressiven Kindern, sozial unsicheren Kindern, der Aufnahme von Kindern mit Fluchterfahrung, bis hin zur Umsetzung der Inklusion, reichen die alten und herkömmlichen Herangehensweisen nicht mehr aus. Eine echte und gelebte Erziehungspartnerschaft auf Augenhöhe braucht eine moderne Methodik und Didaktik sowie vielfältige Instrumente und veränderte Herangehensweisen. Auch die Entwicklung der Kitas zu Familienzentren und der Grundschulen zu Ganztagsschulen zeigen auf, dass der demografische Wandel und die bessere Vereinbarkeit von Beruf und Familie nicht nur Kitas eingeholt hat, sondern auch vor den Toren der Grundschulen nicht Halt machen. Wie gut, dass immer mehr den gemeinsamen Weg wählen und sich auf Augenhöhe begegnen, um die Herausforderungen gemeinsam zu bewältigen zum Wohle der Kinder.

Mit Sicherheit gibt es auch sehr engagierte Lehrer*innen, die gewillt sind, sich und ihre Schule stetig weiterzuentwickeln und darüber hinaus auch ihre Offenheit für neue Ansätze und Ideen behalten haben. Doch scheint das leider, im Gegensatz zu den Erzieher*innen, der eher verschwindend kleinere Teil zu sein und zum anderen dauert die Schulentwicklung einfach viel zu lang.

Gelingt es künftig nicht, Erzieher*innen und Lehrer*innen, also die Fachkräfte für den Elementar- und Primarbereich, an einen Tisch zu bringen, so, dass diese wirklich vernetzt und übergreifend professionell zusammenarbeiten, werden wir in ein paar Jahren vor einem No-Go in der Bildung stehen.

Die Fähigkeit und Bereitschaft eines Kindes den Übergang erfolgreich zu bewältigen, hängt entscheidend von der Kommunikations- und Partizipationsfähigkeit aller beteiligten Akteure, wie Kita, Grundschule und Eltern, ab (vgl. Griebel/Niesel 2002, S. 3). Ein wesentlicher Aspekt, der entscheidenden Einfluss auf die Gestaltung des Übergangs und dessen Gelingen hat, ist zudem die Kooperationsbereitschaft und -fähigkeit zwischen den Kindertagesstätten und Grundschulen (vgl. Griebel/Niesel 2011, S. 37).

Um diesem Anspruch gerecht zu werden und ihn wirklich ernst zu nehmen, müssen sich beide Seiten gleichermaßen auf den Weg machen und im Dialog auf Augenhöhe begegnen. Nutzen Sie daher jede Chance, sich einzumischen und Dinge in Frage zu stellen. Stellen Sie alte Vorgehensweisen infrage und kommen Sie über mögliche oder unmögliche Kooperationen immer wieder ins Gespräch. Nur im stetigen Veränderungsprozess liegt die Beständigkeit.

> Überdenken Sie an dieser Stelle kritisch, wie Ihre Erziehungspartnerschaft mit den Eltern und den Grundschulen aussieht. Listen Sie alle Pros und Contras auf. Überlegen Sie, von welchen alten Zöpfen Sie sich trennen müssen und welche Anteile es wert sind, daran festzuhalten. Stellen Sie eine Liste mit den Dingen zusammen, die unbedingt neu justiert werden müssen. Und diskutieren Sie, bestenfalls mit allen Beteiligten, was eine gute Erziehungspartnerschaft sowohl für Eltern als auch Erzieher*innen und Grundschullehrer*innen beinhalten sollte.

Zum Weiterlesen

Becker-Stoll, F./Nagel, B. (2009): Bildung und Erziehung in Deutschland. Berlin

Bertelsmann Stiftung (2012): Die gute gesunde Kita gestalten. Referenzrahmen zur Qualitätsentwicklung in der guten gesunden Kita – Für Kita-Träger, Leitungen und pädagogische Mitarbeiter. Gütersloh. Verfügbar unter: https://www.bertelsmann-stiftung.de/fileadmin/files/BSt/Publikationen/GrauePublikationen/GP_Die_gute_gesunde_Kita_gestalten_Referenzrahmen.pdf (12.02.2018)

Griebel, W. (2004): Entwicklung zum Schulkind und zu Eltern eines Schulkindes. Ein neues psychologisches Verständnis von Übergängen im Bildungssystem. In: Färber, H.-P./Seyfarth, T. (Hg.): Lebensübergänge. Wagen – Entwickeln – Verändern. Tübingen

Griebel, W./Niesel, R. (2002): Abschied vom Kindergarten. Start in die Schule. Grundlagen und Praxishilfen für Erzieherinnen, Lehrkräfte und Eltern. München

Griebel, W./Niesel, R. (2004): Transitionen. Fähigkeit von Kindern in Tageseinrichtungen fördern, Veränderungen erfolgreich zu bewältigen. Weinheim

Griebel, W./Niesel, R. (2011): Übergänge verstehen und begleiten. Transitionen in der Bildungslaufbahn von Kindern. Berlin

Hoffmann, H./Rabe-Kleberg, U./Viernickel, S./Wehrmann, I./Zimmer R. (2010): Starke Kitas – starke Kinder. Freiburg

Kurtik, Ch. (2010): Erziehen mit Gelassenheit. Stuttgart

Leu, H./Flämig, K./Frankenstein, Y./Koch, S./Pack, I./Schneider, K./Schweiger, M. (2007): Bildungs- und Lerngeschichten: Bildungsprozesse in der frühen Kindheit beobachten, dokumentieren und unterstützen. Weimar

Mienert, M. (2016): Das haben wir doch schon immer so gemacht. Göttingen

Scheurl-Defersdorf, M. (2016): In der Sprache liegt die Kraft. Freiburg

Tietze, W./Viernickel, S./Dittrich, I./Gödert, St./Grenner, K./Groot-Wilken, B./Sommerfeld, V. (2003): Pädagogische Qualität in Tageseinrichtungen für Kinder. Weinheim

KINDLICHES LERNEN UND FRÜHKINDLICHE BILDUNG! – ALLES KINDERKRAM, ODER WAS?

2 Kindliches Lernen und frühkindliche Bildung! – Alles Kinderkram, oder was?

Ein Kind lernt beim Spielen. Es spielt jedoch nie, um zu lernen, sondern weil es Freude an seiner Tätigkeit empfindet.
Renate Zimmer[1]

Manfred Spitzer, Neurobiologe und Professor für Psychiatrie, erklärt, dass man ohne Kenntnis über die Arbeitsweise des Gehirns auch keine Ahnung davon habe, wie Kinder lernen.[2] Lernen und Bildung gehen Hand in Hand. Lernen macht Bildung erst möglich. Entwicklung und Lernen vollziehen sich nur durch die aktive Auseinandersetzung des Kindes mit seiner Umwelt. Es sind die regelmäßigen Wiederholungen, das Immer-wieder-tun-Dürfen und sich mit einer Sache Auf-tausendundeine-Art-beschäftigten-Können, die die Basis zum erfolgreichen Lernen und Bildung erst möglich machen. Mit allen Sinnen beteiligt sein, begeistert werden und mit Neugierde und intrinsischer Motivation einer Sache immer wieder auf den Grund gehen, ist die Basis für Bildungsprozesse.

Die Gene geben dabei den Rahmen für die Entwicklung des zentralen Nervensystems vor, aber eben nicht, wie eine bestimmte Fähigkeit sich in einem bestimmten Alter ausbildet. Hier spielen vielmehr die Lern- und Lebensbedingungen der Umwelt eine große Rolle.

Je stärker ein Kind selbst an der Erarbeitung von Sachverhalten, am Lösen von Problemen, an der Beschaffung von Informationen oder dem Umgang mit Experimenten beteiligt ist, desto mehr Erfahrungen kann es sammeln und die dazugehörigen Information abspeichern, verstehen und behalten. Ferner kann es diese Erfahrungen auch später wieder als Wissen abrufen. Wissen bzw. Informationen werden von unserem Gehirn immer in Mustern bzw. Bildern abgespeichert, das bedeutet, unser Gehirn verknüpft neue mit bereits bekannten Informationen, vernetzt sie mit einer Emotion und legt sie auf unserer Festplatte zum Download ab. Je mehr Sinne an diesem Verarbeitungsprozess beteiligt sind, desto besser gelingen die Verknüpfungen untereinander und die Informationen gehen in den Langzeitspeicher. Folgendes Sprichwort verdeutlicht uns diesen Prozess:

---

1 Zimmer, R. (2004): Handbuch der Bewegungserziehung. Freiburg, S. 89.
2 Vgl. Spitzer, M. (2007): Lernen, Gehirnforschung und die Schule des Lebens. Heidelberg.

Erkläre mir die Dinge und ich werde sie vergessen.
Zeige mir die Dinge und ich werde mich erinnern.
Lass es mich tun und erfahren und ich werde verstehen.³

Im Laufe unserer Entwicklung durchläuft unser Gehirn verschiedene Phasen, in denen es besonders offen für Neues ist. Es sind die sogenannten Zeitfenster oder sensiblen Phasen, die sich laut Maria Montessori zu bestimmten Zeiten öffnen und Lernen besonders leicht machen. Den Kindern kann man dann buchstäblich zusehen, wie sie unbewusst, ohne große Mühen und Anstrengung, lernen. Dieser natürliche Entwicklungsdrang ist eng mit den ersten Lernprozessen verbunden und steuert den *absorbierenden Geist* eines Kindes.⁴ Daher gibt es beispielsweise auch in den ersten drei Lebensjahren eines Kindes drei spezifische Empfänglichkeiten. Hierbei handelt es sich um die Sensibilität für Ordnung, Bewegung und Sprache. In solch einer Empfänglichkeitsspanne kann das Kind mit Leichtigkeit neue Eigenschaften und Fähigkeiten lernen, muss aber entsprechende Anreize und Angebote vorfinden. Demgegenüber steht, dass unser Gehirn sehr ökonomisch arbeitet. Fehlen also in diesen sensiblen Phasen, in denen das Gehirn besonders offen ist, die Angebote, Informationen und Anreize, kann das Lernen ins Stocken geraten, da sich das sogenannte Entwicklungsfenster wieder schließt. Danach kann das Gleiche zwar in der Regel immer noch gelernt werden, bedarf aber mehr Zeit, Übung und Mühe.

So erklärt sich der Anspruch, das kleinkindliche Nervensystem frühzeitig zu stimulieren. Die nicht genutzten Nervenverbindungen (Synapsen, die nicht angeregt wurden) werden stillgelegt und schließlich sogar abgeschaltet. Erfolgreiche Nervenbahnen hingegen werden im Gehirn weiter ausgebaut, werden gefestigt und mit anderen Nervenzellen vernetzt, sodass unser Gehirn auch mühelos komplexe und schwierige Prozesse, wie z. B. das Erlernen von Sprache, absolvieren kann.

Das bedeutet jedoch nicht, dass wir schon im Krippenalter damit anfangen müssen, Sprachprogramme zu absolvieren und unsere Kinder mit Informationen und Wissen vollzustopfen. Empfehlenswert ist vielmehr der alltägliche und gut dosierte Mix aus Anregung und Zurückhaltung. Merken Sie sich: Viel hilft nicht viel – es gibt auch zu viel, zu ungeeignet, nicht dem Alter und Entwicklungsstand entsprechend. Es kommt daher nicht auf die Fülle der Informationen an, sondern auf die Möglichkeiten der Verarbeitung, die wiederum vom Ent-

---

3   Laotse.
4   Der absorbierende Geist nach Maria Montessori beschreibt die kindliche unbewusste Lernform, die ca. ab dem vierten Lebensjahr durch bewusste Aktivität ergänzt wird.

wicklungsstand und den bereits erworbenen Fähig- und Fertigkeiten abhängig sind. Wie intensiv und vielfältig kann ein Kind sich mit einer Sache beschäftigen? Wie viel Materialerfahrung, Wahrnehmung und experimentelles Tun steckt in der Beschäftigung mit dem Objekt, der Sache oder Situation? Das gesunde Mittelmaß von Anregung, Stimulation, Förderung und Zurückhaltung ist wie so oft der Garant für erfolgreiches Lernen. So lernt ein Kind auch am besten durch Versuch und Irrtum, indem es selbst aktiv ist und durch den Selbstversuch negative sowie positive Erlebnisse durchläuft und verarbeitet.

> Reflektieren Sie eine Spielsituation, die Sie bei einem Kind beobachtet haben und stellen sich dazu drei Fragen:
> 1. Womit beschäftigt sich das Kind gerade?
> 2. Was ist dabei sein Lerninteresse?
> 3. Welche Fähigkeiten und Kompetenzen setzt es dabei ein und welche fehlen ihm noch?

2.1 Wollen Kinder überhaupt lernen?

Dies sei hier und jetzt ganz deutlich beantwortet: Ja! Jedes Kind will lernen. Ich habe in meiner langjährigen Berufstätigkeit noch nie ein Kind erlebt, dass sich für gar nichts interessierte. Sicherlich gibt es Kinder, die wissbegieriger sind als andere, auch haben Kinder die unterschiedlichsten Vorerfahrungen, wenn sie in die Krippe oder Kita kommen – aber kein Interesse zu lernen? Nein, das habe ich noch nie erlebt. Natürlich gibt es Kinder, die bestimmten Themen gegenüber nicht so offen sind wie andere oder aufgrund noch niedriger Kompetenzen oder fehlender Erfahrung versuchen, der einen oder anderen Aktivität oder Herausforderung aus dem Weg zu gehen. Aber von Grund auf will jedes Kind lernen. Es steckt sozusagen in ihnen. Es ist der Selbstentwicklungstrieb, der Lerntrieb, der sie vorantreibt und ermuntert, Dinge immer wieder neu in Angriff zu nehmen und sich die Welt zu eigen zu machen.

Alle Dinge fallen zu Boden! Das ist beispielsweise eine Erkenntnis, die durch das experimentelle Tun erlebt und erfahren wird. Die Erfahrungen mit der Schwerkraft machen Spaß und fördern das aktive Tun. Interessant ist für Kinder, wie die Dinge zu Boden fallen: Sand rieselt, Federn schweben, Wasser plätschert, schwere Dinge fallen schnell mit einem Geräusch zu Boden, geworfene Dinge beschreiben eine Kurve, bevor ihr Weg zum Boden führt. In diesem Fallenlassen untersuchen Kinder die Gesetzmäßigkeit des freien Falls und der Schwerkraft. Alles fließt, fällt, rollt, stürzt, schwebt hinab. Etwas fallen zu lassen, hat ein wenig mit Macht (Eigenwahrnehmung: Ich lasse etwas fallen, ich manipuliere, ich übe Macht aus) zu tun. Es ist für Kinder faszinierend, festzustellen und zu erleben, wie sie mit einfachen Mitteln einen großen Effekt herstellen können.

Es lässt sich also festhalten: Jedes Kind will lernen! – Aber warum ist das so? Dies liegt zum einen daran, dass unser Gehirn nichts lieber tut als zu lernen. Zum anderen ist die fast unendliche Lernfähigkeit das, was uns als Menschen im Vergleich mit anderen Lebewesen ausmacht. Der Drang, immer Neues zu entdecken, zu verstehen und aus Fehlern zu lernen, half schließlich unserer Art im Laufe der Jahrtausende zu überleben. Ein Kind lernt durch Ausprobieren und Tüfteln, Experimentieren und Hantieren, mit allen Sinnen. Interessanterweise hat unser Gehirn zusätzlich zu den natürlichen Trieben wie Essen und Fortpflanzung auch einen sogenannten *Kapiertrieb*. So werden wir von einer natürlichen Neugierde, dem Motor jeglichen Lernens, getrieben, den Dingen immer wieder nachzuspüren und auf den Grund zu gehen. Kinder sind geborene Forscher*innen, Entdecker*innen und Konstrukteur*innen ihrer eigenen Welt. Sie sind neugierig, wissensdurstig und begeisterungsfähig. Sie wollen sich aktiv ein Bild von der Welt machen und handlungsfähiger werden. Wahrnehmung und Bewegung sind für sie die Grundlage dazu. Mit enormer Energie und unbestreitbarem Vergnügen widmen sich Kinder der aktiven Auseinandersetzung mit ihrer Umwelt. Daher lernen Kinder immer. Täglich, stündlich, minütlich – sie können nicht nicht lernen! Kinder wollen einfach wissen, was Sache ist, erkennen, was die Welt im Innersten zusammenhält, Einzelheiten zu einem Ganzen zusammenfügen und neue Zusammenhänge erkennen. Durch Experimente und Versuche sowie ständiges Wiederholen bestimmter Handlungen machen sie schließlich ihre wertvollen eigenen Erfahrungen. Erfahrungen aus erster Hand durch das simple Prinzip: *Learning by doing!*

> Überlegen Sie bitte, wie Sie am liebsten lernen? Welche Lernwege und vorrangigen Sinneskanäle nutzen Sie dafür? Beobachten Sie die Kinder, um herauszufinden, welche Lernwege sie nutzen und mit welchen Sinnen sie hauptsächlich beteiligt sind.

2.2 Macht Lernen Spaß?

Der Tübinger Hirnforscher Valentin Braitenberg vertritt die Meinung, dass der »Aha-Effekt« bzw. das »Aha-Erlebnis« der Kick des Menschen für das Glücksgefühl beim Lernen ist. Braitenberg ist überzeugt, dass die Verknüpfung der Vorstellungen zu Gedankenketten oft mit dem einen Ziel einhergeht: Hirnlust (das Glücksgefühl) erleben (vgl. Braitenberg 2009). Wenn dem so ist: Warum lernen viele ältere Kinder bzw. Jugendliche und Erwachsene dann so ungern? Einen großen Anteil daran haben negative Erlebnisse mit dem Lernen, vor allem in der Schule. Viele von ihnen wurden beschämt und gedemütigt, haben keine fehlerfreundlichen Lernumgebungen angetroffen und wurden schlichtweg blamiert. Es wurde nicht mit ihren Stärken gearbeitet, sondern sie wurden immer und immer wieder auf ihre Schwächen hingewiesen, mussten vielleicht sogar erleben, wie sich Mitschüler*innen über ihr Scheitern amüsierten. Außerdem erfolgte das Lernen oft in zähen, uninteressanten Einheiten, durch bloßes Konsumieren nach dem Motto: »Ich, Lehrer, erzähle dir mein Wissen und du, Schüler, hörst mir zu.«

Ich bin mir an dieser Stelle den kritischen Stimmen bewusst. Ich weiß, dass in vielen Schulen durchaus vielfältige und kreative Methoden zur Unterrichtsgestaltung einfließen und der Unterricht kindaktiv gestaltet wird. Dennoch bleibe ich bei dieser Aussage. Ich stütze mich dabei auf meine ureigensten Schulerfahrungen und die Erfahrungen mit meinen eigenen Kindern, aus Elterngesprächen, Beobachtungen bei der Weiterentwicklung ehemaliger Kita-Kinder und auf Aussagen von Freunden, Bekannten und Eltern, deren Kinder eine Förderung oder Therapie in meinem ehemaligen Lernstudio (Förderzentrum für Legasthenie und Dyskalkulie) nutzten. Ich selbst habe zu oft erlebt, dass neugierige, lebensfrohe, wissbegierige Kinder Schule als Bremsklotz ihres Wissensdranges und ihrer Lebensfreude erlebten und ihre Neugierde und Lernmotivation schon nach den ersten Monaten in Ermattung, Enttäuschung und Resignation umkippten. Im Gegensatz zur Kita haben Kinder zu oft in der Schule das Gefühl: »Da glaubt keiner an mich und meine Fähigkeiten«, »Ich muss perfekt sein und darf keine Fehler machen«, »Ich genüge den Ansprüchen und Erwartungen nicht«, »So wie ich bin, darf ich nicht sein.«

> An dieser Stelle lade ich Sie ein, den Blick wieder nach innen zu richten. Wie sind Ihre Erfahrungen? Welche Glaubenssätze haben Sie in Punkto Lernen abgespeichert und verinnerlicht? Was glauben Sie: Macht Lernen Spaß? Wenn nein, wie müssten Lernsituationen gestaltet sein, damit sie Spaß machen? Und wenn ja, wunderbar! Wie erhalten Sie dann auch für Kinder die Lernfreude beim Lernen?

Generell möchte ich nicht so verstanden werden, dass ich grundsätzlich Lehrer*innen die Schuld an allem geben möchte. Es geht nicht um Schuld, um richtig und falsch. Es geht vielmehr um eine kindzentrierte Haltung, um Einstellungen und den Mut, neue Wege zu gehen, um den vielfältigen Kindern, die in unsere Schulen strömen, gerecht zu werden. Und da gibt es nun mal motivierte und engagierte Lehrer*innen sowie eben andere, die das nicht sind. Die »Kindfähigkeit« der Schule wäre ein gutes Ziel. Denn es sind zum Teil auch die Rahmenbedingungen von Schule (zu große Klassen, ein starres Lehrkonzept und veraltete Strukturen, schlechte Ausstattung und zu wenige Lehrerstunden), zum Teil auch mangelnde Grundvoraussetzungen, die die Kinder mit in die Schule bringen und sie so ständig an die Grenzen ihres Könnens stoßen lassen.

Aktuell ist eine große Orientierungslosigkeit und Anspannung zu spüren, da zu viel und Unausgereiftes an Schule herangetragen wird. Jüngste Beispiele sind der Umsetzungszwang von Inklusion, die vielen Kinder mit Fluchterfahrungen und mit Migrationshintergrund, die mangelnden Sprachkenntnisse, selbst deutscher Kinder, die Vergleichsarbeiten und der zunehmende Leistungsdruck, die durch die veränderten Werte in unserer Gesellschaft auch vor Kita und Schule nicht halt gemacht haben. Ein normiertes Lernen steht häufig noch im Vordergrund und verdrängt so gleichsam individuelle Lernausgangssituationen. Die schlechten Ausstattungen der Schulen und teilweise »ausgebrannte« Lehrkräfte, deren Spaß und Freude am gemeinsamen Lernen verloren gegangen zu sein scheint, nehmen täglich zu. Kein Wunder also, dass unsere Kinder heute leider immer noch viel mehr negative als positive Lernerfahrungen in der Schule erleben und ständig das Gefühl haben, nicht zu genügen, nichts zu können und nichts wert zu sein. Geschürt wird dieses Gefühl oft durch die Erwartungshaltungen der Eltern und den Druck, der von den Eltern an die Kinder weitergereicht wird. Auch machen sich die Kinder untereinander das Leben oft schwer, sodass Mobbing und Ausgrenzung fast an jeder Schule zur Tagesordnung gehören. Mich wundert es vor diesen Entwicklungen nicht, dass bereits Dritt- und Viertklässler in drei Fächern Nachhilfe bekommen, um den Erwartungen und Anforderungen gerecht zu werden und zudem Erfahrungen mit Scheitern, Ausgrenzung und Demütigung erfahren haben. Diese negativen Einflüsse, der permanente Druck, die Angst vor dem Versagen lassen kein positives Erfolgserlebnis aufkommen und wirken sich störend auf den Lernprozess aus. Und gerade das ist es doch, was Lernen eigentlich ausmachen soll, das Glücksgefühl beim Lernen – und nicht die Angst vor dem Versagen und dem Nicht-Genügen.

> Kennen Sie das Gefühl? Die Angst zu versagen? Wie fühlt sich das an? Was passiert parallel zur Emotion im Kopf – was denken Sie in solchen Momenten, um mit der Angst fertig zu werden? Schreiben Sie ein paar Strategien auf, wie wir Kinder in solchen Augenblicken unterstützen und stark machen können, damit sie sich nicht aufgeben, weiter an sich glau-

> ben und sich der Angst nicht hingeben. Schlichtweg gefragt, wie fördern sie die Resilienzfähigkeit der Kinder?

»Alles, was beim Lernen Freude macht, unterstützt das Gedächtnis«, so sagte es Johann Amos Comenius (Verfasser der Didactica Magna) vor 300 Jahren.

Die alte Weisheit, dass Informationen dann am besten verarbeitet werden, wenn sie auf möglichst vielfältige Weise erlebt werden (z. B. gesungen, gereimt, gemalt, gehüpft, gesprungen, gefühlt, somit über alle Sinne erfahren werden – den gesamten Wahrnehmungsapparat anregend) entdeckte bereits Heinrich Pestalozzi (1746–1827). Seine These hieß damals schon: »Eine gute Erziehung müsse mit Kopf, Herz und Hand erfolgen.« Die Grundlagen, die Eltern wie auch Sie als Erzieher*in in den ersten Lebensjahren legen, sind die Grundlagen für spätere Lernerfolge der Kinder. Aus entwicklungspsychologischer Sicht formuliert heißt das: »Der Koffer« unserer Kinder ist bereits mit sechs Lebensjahren mit allen Basisfähigkeiten und Schlüsselqualifikationen sowie dem Mindestniveau gepackt. Danach wird nur noch erweitert, aufgefrischt und an bestehendes Wissen angeknüpft.

2.3 Ist Lernen begrenzt?

»Unser Gehirn lernt immer dazu, ob wir wollen oder nicht!« Wer das nicht glaubt, der wird von Säuglingen und Kleinkindern eines Besseren belehrt. Sie beweisen nahezu täglich, dass Lernen kinderleicht ist, Spaß und Freude bereitet und vor allem befriedigend ist. Denn sie sind, wie eingangs erwähnt, Forscher*innen und Entdecker*innen und machen sich tagtäglich die Welt mehr und mehr zu eigen. Sie üben und trainieren nicht nur Laufen und Sprechen zu lernen, sondern auch das soziale Miteinander und das Problemlösen.

Wir ermutigen sie ständig aufs Neue, loben und wertschätzen ihre Leistung, sei sie noch so gering und banal oder komplex und schwierig, und spornen sie so zu Höchstleistungen an. Laufen lernen ist beispielsweise eine höchst schwierige und komplexe Angelegenheit, vergleichbar mit dem Sprechen lernen. Durch die positive Bestätigung, das Lob und die Anerkennung des Erwachsenen gewinnen die Kinder zusätzlich zu ihrem natürlichen Bestreben nach Wissen Selbstbestätigung, Selbstvertrauen und Selbstbewusstsein, erleben sich als kompetent, wertvoll und einmalig. Wir können das an dem *Leuchten,* das von innen kommt, erkennen. So ein Leuchten blitzt auf, wenn Kinder mit Interesse bei der Sache sind, selbst etwas schaffen dürfen und dann mit Stolz erkennen und erleben: Ich kann!

Rufen Sie sich bitte eine Situation in Erinnerung, in der ein Kind in Ihrer Kita-Gruppe gleichzeitig sein Grundbedürfnis nach Verbundenheit und Zugehörigkeit und auch nach Wachstum (Erfolg – Ich kann!) erleben konnte. Glauben Sie, dass Kinder durch solche »Glücksmomente« für die zukünftigen Herausforderungen und für die Bewältigung von Krisen gestärkt werden?

Was müssten wir in der Kita und in der Schule bewahren und was muss sich ändern, um den Erkenntnissen der Neurobiologie gerecht zu werden? Eigentlich das, was beispielsweise Pädagog*innen wie Montessori vor Jahrzehnten thematisiert haben, die neusten Erkenntnisse der Hirnforschung bestätigen und auch Menschen mit wachem Geist und gutem Bauchgefühl darlegen würden: Den Kindern und später den Schüler*innen nicht möglichst viele Informationen/viel Wissen/viel Stoff eintrichtern wollen, sondern sie zu eigenen Problemlösungen anregen und sie im Selbstversuch die Grenzen von Erfolg und Misserfolg ausloten lassen. Das alles soll auf der Basis von Zugewandtheit, Anerkennung, Wertschätzung, Respekt und Liebe zum Kind geschehen. Eine zentrale Stellung nimmt dabei eine fehlerfreundliche Lernbasis, ein geschützter Raum ein, in dem niemand ausgelacht oder beschämt werden kann. Den Kindern wird so ein Raum geboten, in dem sie spüren:

- Hier werde ich als Person respektiert;
- Hier haben meine Wünsche und Vorstellungen einen wert;
- Hier kann ich Alltag mitgestalten;
- Hier hört man mir zu;
- Hier glaubt man an mich;
- Hier haben meine Bedürfnisse eine Bedeutung;
- Hier wird zugelassen, dass Vielfalt bereichert und eine Chance ist;
- Hier darf und kann jeder nach seinen Fähigkeiten tätig werden und erkennen, dass er*sie etwas besonders gut kann.

In der Zukunft sind Lernfähigkeit und die Bereitschaft zum lebenslangen Lernen gefragt, werden gar verlangt. Wie kann Ihrer Meinung nach die Lust am Lernen wachgehalten und gefördert werden? Wie kann Lernen abgebildet und für das Kind dokumentiert werden? Wann und wo reflektieren Sie mit Kindern über ihre Lernwege und Lernerfolge? Wissen Sie, welches Kind sich momentan für was interessiert? Was dessen Lerninteresse ist?

Ein besonderer Blick sollte auf die Kita-Zeit gerichtet werden – wenn Lernstrategien angelegt und ausgebildet werden. Gerade im Elementarbereich sollten wir den Kindern vielfältige Möglichkeiten bieten, sich auszuprobieren. Oft beobachten Kinder sehr interessiert die Tätigkeiten von anderen Kindern oder Erwachsenen. Manchmal nehmen sie auch Stellung dazu, stellen Fragen oder kommentieren das Beobachtete. Im freien Spiel erproben sie dann, was sie gesehen haben oder überlegen für sich, wie sie selbst initiativ werden können. Wenn Kinder früh eigene Ideen einbringen können, stärkt sie das für ihr späteres Leben. Gleichzeitig geben eine gemeinsam entwickelte Tagesstruktur, individuelle Rituale und abgesprochene Grenzen Halt und Orientierung. Orientierung gibt Sicherheit und macht Lernen und Bildung möglich. Wir sollten als Erziehende immer die Reize im Blick haben, denen unsere Kinder tagtäglich ausgesetzt sind, denn zu viele Reize fluten die Sinne, machen zappelig, nervös und unsicher. Achten Sie also auf ein klares Ordnungssystem und eine eher bescheidene Gruppenraumgestaltung und sorgen Sie für ausreichend Freiflächen an den Wänden, an denen sich die Augen ausruhen können. Nicht jede Wand, nicht jedes Fensterbrett muss dekoriert werden. Nicht die Fülle der Informationen ist entscheidend, sondern die Möglichkeiten der Verarbeitung. Positive Lernerlebnisse bringen das Kind schneller zum Ziel und fördern gleichsam sein Selbstvertrauen.

2.4 Kindliches Lernverhalten und Eltern

Jeder Mensch ist ein Individuum und nicht mit anderen vergleichbar. Dies gilt vor allem für Kinder, da sie mit ihrer individuellen Strategie und ihrem einzigartigem Lerntempo lernen. Dies müssen wir uns und vor allem auch den Eltern immer wieder vor Augen führen. Eltern verharren schnell im Vergleich der Kinder untereinander und verlieren dabei das eigene Kind aus dem Blick. Oft ertappen wir sie dabei, dass sie die Leistungen ihrer Kinder mit denen eines anderen Kindes (Nachbarkind/Freund/Kind aus der Gruppe) vergleichen. Jedoch macht gerade die individuelle Annahme und Förderung eines jeden Kindes Erziehung erst erfolgreich. Ich möchte Sie ermuntern, dies an Eltern ehrlich zurückzumelden. Eltern entscheiden maßgeblich darüber, was ein Kind von sich selbst denkt, welche Basisfähigkeiten sich beim Kind herausbilden und welche Lernstrategien es entwickelt. Dieser Verantwortlichkeit müssen sich Eltern sehr bewusst sein. Darauf zu vertrauen, dass Kita und Schule es schon richten werden, ist naiv und verantwortungslos.

Als pädagogische Fachkraft und erst recht als Bezugserzieher*in sollten sie sich früh, am besten von Anfang an, um eine vertrauensvolle und aktiv gelebte Erziehungspartnerschaft bemühen, bei der alle am Erziehungsprozess Beteiligten,

Erzieher*innen, Eltern und Kinder, in einem Boot sitzen und im Sinne der Kinder den Kurs bestimmen. Erst wenn alle das Ziel kennen, stimmt die Richtung.

Eltern haben nicht nur ein Erziehungsrecht, sondern auch eine Erziehungsverantwortung ihren Kindern gegenüber. Sie sind Expert*innen für ihre Kinder. Die Krippe, der Kindergarten oder die Kindertagesstätte und später die Schule ergänzen, fördern und helfen, die Basis legen jedoch die Eltern.

Bitte lassen Sie sich diese Verantwortung nicht überstülpen. Sie haben ein Recht auf Unterstützung, Abstimmung und Hilfe. Sie arbeiten familienergänzend und nicht ersetzend, obwohl das scheinbar immer mehr verlangt wird. Setzen Sie stattdessen auf Kooperationen.

Kooperation und Vernetzung im Stadtteil sind häufig der Motor für die Weiterentwicklung der Kita und bessere Einbindung der Eltern. Nutzen Sie diese Chance. Kitas mit einem familienorientierten Blick suchen sich im Sozialraum vor Ort: im Stadtteil, Viertel, Kiez oder in der Gemeinde entsprechend vielfältige Partner, mit denen sie sich dann zum Wohle der Familien vernetzen und mit Blick auf die Bildungs- und Beratungsarbeit kooperieren. Häufig erreicht man durch diese Ansprechpartner*innen und die individuelle Beratung eine Stärkung der Familie in ihrer jeweiligen Lebensphase, da ihnen der Zugang zu den eigenen Stärken und Ressourcen neu eröffnet wird und sie in ihrem Tun, ihrer Selbstwirksamkeit bestärkt werden. Nutzen auch Sie Ihr Netzwerk und versuchen Sie, es um passgenaue Partner*innen zu erweitern. Sie müssen nicht alles können und wissen.

Exkurs: Der Wickeltisch als erster Lernort

Dieser Exkurs ist speziell für all jene gedacht, die als Erzieher*in in einer Kinderkrippe/altersgemischten Regelgruppe arbeiten oder vor dem Berufsbeginn dort stehen. Es thematisiert ein alltägliches Ritual, das Wickeln, welches allerdings leider häufig zu wenig beachtet wird.

Berührt, gestreichelt und massiert zu werden, das ist Nahrung für das Kind. Nahrung, die genauso wichtig ist, wie Mineralien, Vitamine und Proteine. Nahrung, die Liebe ist. Wenn ein Kind sie entbehren muss, will es lieber sterben. Und nicht selten stirbt es wirklich.[5]

---

5   Leboyer, F. (2007): Sanfte Hände. Die traditionelle Kunst der indischen Babymassage. 24. Aufl. München, S. 128.

Die menschliche Haut ist das größte Organ des Körpers und besteht aus der Dermis, der Epidermis und einer subkutanen Fettschicht. Die Haut eines gesunden erwachsenen Mannes wiegt je nach seiner Größe zwischen zehn und fünfzehn Kilo (genauso viel wie ein kleines Kind) und fasst eine Fläche von ca. zwei Quadratkilometern. Die Haut einer Frau dagegen wiegt etwas weniger. Auch ihre Fläche ist kleiner. An der Haut kann der innere Zustand des Menschen abgelesen werden, der Volksmund spricht auch von der Haut als der *zweiten Seele* des Menschen. Unsere Sinnessysteme wie Nase, Ohren, Augen sind auf einem kleinen Bereich des Körpers zu finden, die Haut dagegen bedeckt seine gesamte Oberfläche. Körperkontakt geschieht mittels Millionen von Druck-, Temperatur- und Schmerzrezeptoren, die den Körper in unterschiedlicher Dichte – mit einer Konzentration in den Fingerspitzen, den Lippen und der Zunge – umspannen. Unsere Augen können wir schließen, die Ohren und Nase zuhalten, aber die Haut, ja, die fühlt immer! Die taktile Wahrnehmung ist daher ständig vorhanden, d.h. wir nehmen dauernd Informationen über die Haut auf (z. B. Berührung durch Kleidung, Personen oder Luft). Selbst im Schlaf reagieren wir auf Informationen der Haut, indem wir uns bei Überhitzung einer Körperstelle umdrehen, uns bei kalter Zugluft zudecken oder uns bei Druckschmerz oder Verspannung umbetten. Und selbst eine kleine Fliege verscheuchen wir genervt, da das Kribbeln auf der Haut unseren Schlaf stört.

Die Entwicklung unserer Haut hält ein ganzes Leben lang an. Alte Zellen werden permanent abgestoßen und durch neue ersetzt. Auch die Beschaffenheit der Haut vermittelt Informationen über den Menschen (z. B. durch die Pigmentierung, Falten, Narben, Elastizität, Grob- oder Feinporigkeit usw.). So stellt die Haut die *Membran* zwischen Innen und Außen dar, mittels der wir unentwegt mit unserer Umwelt Kontakt aufnehmen oder versuchen es zu vermeiden. Die Haut umschließt den Menschen wie eine Schutzhülle. Über die Haut nehmen wir Berührungen wahr und erfühlen die unterschiedliche Beschaffenheit von Materialien und Gegenständen (warm – kalt, hart – weich, rau – glatt etc.). Wie kein anderes Organ nimmt unsere Haut die differenziertesten Signale auf, leitet sie weiter und antwortet mit erstaunlich vielfältigen Reaktionen, wie dem Aufstellen kleinster Härchen (Gänsehaut), Blässe oder Röte.

Schon für den Säugling ist die Haut ein wichtiges Kommunikationsorgan, über das er Kontakt mit der Umwelt hält. Durch die Art, wie er gehalten wird, nimmt er wahr, wie die Person, die ihn in den Arm nimmt, ihm gegenüber eingestellt ist. Der Tastsinn wird daher die *Mutter der Sinne* genannt. Durch Erfahrungen und Erlebnisse lernt das Kind zwischen verschiedenen Berührungen zu unterscheiden: »War das gerade angenehm oder unangenehm?«; »Das kitzelt am Bauch!«; »Aua, das tut weh.« Das sind wichtige Erfahrungen, die zur Bildung eines guten Körperbewusstseins nötig sind. So ist das Wickeln nicht nur Körperpflege und Erfahrungsgrundlage für das Körperbewusstsein, sondern bietet darüber hinaus auch Möglichkeiten zur Sprachförderung durch *Wickel- und Lächeldialoge,* stimuliert den Bewegungs- und Gleichgewichtssinn und bietet Möglichkeiten für Sinnesanlässe und Ganzkörperbeobachtungen.

Wahrnehmungsförderung auf dem Wickeltisch

Auf den Anfang kommt es an, denn alles ist Lernen. So können Sie auch schon die Wickelsituation für Lernanlässe und als Erfahrungsraum nutzen. Zur Wahrnehmungsförderung gibt es verschiedenste Möglichkeiten. Zum Beispiel können Sie die Beschaffenheit der Wickelunterlage variieren: glatte Kunststoffoberfläche, leicht raue Wickeltücher als Unterlage oder ein kuscheliges, vorgewärmtes Handtuch. Marabufedern oder unterschiedliche Bürstchen und weiche Pinsel bieten sich ebenfalls für eine wahrnehmungsfördernde Streicheleinheit an. Damit die Kinder diese Berührungen als angenehm empfinden, sollten Sie wichtige Regeln einhalten:

1. Die Grenzen des Kindes müssen immer bewahrt werden, d. h. wenn das Kind nicht berührt und gestreichelt werden will, ist dies zu akzeptieren. Achten Sie auf die Signale der Kinder!
2. Um eine vertrauensvolle, wahrnehmungsfördernde Atmosphäre zu schaffen, muss vorab eine vertrauensvolle Beziehung hergestellt werden.
3. Das Kind muss durch die alltägliche Wiederholung die Berührung in der Wickelsituation kennenlernen. Fremde, schnelle Berührungen könnten das Kind eher erschrecken. Das Kind muss die Möglichkeit haben, sich auf die Berührungen einzustellen, daher sollten Sie als Erzieher*in dem Kind immer vorher sagen, was sie machen werden.

Haben Sie schon einmal ein Kind gewickelt? Wie ging es Ihnen dabei? Hat Ihnen die Pflege des Kindes Freude bereitet? Oder war es eher eine lästige Pflicht? Haben Sie schon Haut- und Berührungserfahrungen über das normale Wickeln hinaus mit dem Kind sammeln können? Haben Sie sich schon einmal getraut, ein Baby oder Kleinkind zu massieren? Diskutieren Sie doch bitte mit Ihrer Leitung und den Kolleg*innen aus Ihrem Team, inwieweit Sie solche Haut- und Berührungsspiele zulassen können und wollen.

Auf dem Wickeltisch hat das Kind optimale Möglichkeiten durch eigene, aktive Berührungen seine Umwelt und seinen Körper zu erkunden. Ohne störende Kleidung und Windel ist es z. B. viel einfacher, seinen Fuß in den Mund zu nehmen.

Wie fühlt sich die Windel, die Creme oder der Waschlappen an? Wie schmeckt meine Hand/mein Fuß? Gehört dieses Körperteil zu mir? Das sind Beispiele für Fragen, die ein kleines Kind sich während des Wickelns stellen könnte. Da wir diese nur erahnen können, bleibt uns nur die Beobachtung des kleines Gesichts und Körpers, wie er auf unsere Berührungen reagiert. Jedes Kind fühlt, erkundet und wiederholt bekannte Abläufe beim Wickeln, es lernt sozusagen mit dem Mund und den Händen zu sehen.

Der Bewegungssinn wird auch als »kinästhetische Wahrnehmung« bezeichnet. Er umfasst die Empfindung von Bewegungen des eigenen Körpers oder einzelner Körperteile im Zusammenspiel und die dabei auftretenden Kraftleistungen. Die Bewegungswahrnehmung erfolgt über Muskeln, Sehnen und Gelenke. Über die sogenannten Propriozeptoren (lateinisch »proprius«, der Eigene) werden dem Gehirn Informationen über die Muskelspannung und die Stellung der Gelenke zum Körper vermittelt.[6]

Diesen Bewegungssinn kann das Kind nur entwickeln, indem es sich bewegt. Diese Entwicklung sollten Sie als Erzieher*in fördern, indem sie alle aktiven Bewegungen des Kindes zulassen und unterstützen, das Kind immer wieder aufs Neue ermutigen und passive Bewegungen, wo es möglich ist, reduzieren.

Die allerersten Kontaktformen, die ein Säugling hat, wenn er auf die Welt kommt, liegen im Bereich der Bewegung und Wahrnehmung. Bewegung ist der Schlüssel zur Welt.[7]

Die aktive Entwicklungsförderung geschieht schon allein dadurch, dass Sie sich beim Wickeln den Bewegungen des Kindes anpassen und sich auf das Kind einlassen. Ein Kind muss daher beim Wickeln nicht unbedingt stramm auf dem Rücken liegen. Viel wichtiger ist es, das Kind altersentsprechend aufzufordern, aktiv mitzuhelfen, z. B. den Popo hochheben, zum Anziehen die Beine ausstrecken oder die Arme anheben, mit dem Kopf hindurchschlüpfen oder etwas festzuhalten. All dieses fördert die Bewegungsfähigkeit des Kindes. Achten Sie auch darauf, dass das Kind ab einem bestimmten Entwicklungsalter (ca. eineinhalb Jahre) anfängt, allein das Treppchen zum Wickeltisch hochzuklettern. Dies muss geübt und gelernt werden. Aber es ermöglicht dem Kind mehr Autonomie.

---

6   Zimmer, R. (2005): Handbuch der Sinneswahrnehmung. Grundlagen einer ganzheitlichen Bildung und Erziehung. Freiburg, S. 10.
7   Martzy, F. (2010): Kleinstkinder in Kita und Tagespflege. Bewegung als Motor des Lernens und der Entwicklung. Ausgabe 06/2010, S. 7.

Neben diesem Schritt in Richtung Selbstständigkeit fördern auch die vielen kleinen Bewegungsspiele, Liedchen oder Verse das Miteinander beim Wickeln. Das macht nicht nur Spaß, sondern fördert auch die Entwicklung und die Freude an den selbstständigen Bewegungen. Eine andere gute Möglichkeit, um Kinder in ihrer Bewegungsentwicklung zu unterstützen, ist das Handling (d. h. sanfte Handgriffe beim Wickeln nach Karel Bobath).

Das Organ für den Gleichgewichtssinn befindet sich im Innenohr, gleich neben dem eigentlichen Hörorgan, der sogenannten Schnecke. Da das Gleichgewichtsorgan dort in einer Art Vorhof (lateinisch »vestibulum«) liegt, wird es auch als Vestibularapparat bezeichnet. Dieser Apparat besteht aus drei großen senkrecht zueinander angeordneten Röhren, den sogenannten Bogengängen, sowie aus den benachbarten Körperhöhlen. Die Röhren und Kammern sind miteinander verbunden und werden auch als »Labyrinth« bezeichnet. Da wir zwei Ohren haben, befindet sich dieses Vestibularsystem verständlicherweise symmetrisch auf beiden Seiten des Kopfes jeweils im Innenohr. Die Entwicklung des Gleichgewichtssinns ermöglicht dem Kind Bewegungen wahrzunehmen. Es ist dadurch in der Lage, Beschleunigungen und Richtungs- und Drehbewegungen bzw. Haltungs- und Lageveränderungen des Körpers wahrzunehmen und darauf entsprechend zu reagieren.[8]

Um die Entwicklung des Gleichgewichtssinns zu fördern, ist es nötig, dass das Kind viele Möglichkeiten bekommt, verschiedene Körperlagen einzunehmen. Der Wickeltisch bietet sich auch in diesem Bereich als Lernort an. Bei älteren Kindern sind diese Möglichkeiten im Alltag gegeben, wie z. B. durch Schaukeln und Rutschen, die Wippe, das Schaukelpferd oder das Treppensteigen. Grundsätzlich gilt: Je jünger das Kind, umso länger benötigt es, um sich an Lageveränderungen zu gewöhnen. Folglich müssen Sie beim Wickeln auf langsame und gleichmäßige Bewegungen achten. Die allerersten Wahrnehmungen sind taktiler und vestibulärer Art. Sie sind daher von grundlegender Bedeutung für die Entwicklung aller anderen Sinne, der Nerven und des Gehirns, und damit auch dessen, was als unser *Ich* beschrieben wird.

Meistens wird beim Wickeln der Kinder auf einer Körperlage, hauptsächlich die Rückenlage, bestanden. Wobei es viele Alternativen gibt. Ältere Kinder können beispielsweise auch gut im Stehen gewickelt werden. Das Kind dreht sich dazu mit dem Gesicht zur Wand, stützt sich mit den Händen an der Wand ab

---

8 Sandhaus, M. (2011): Kleinstkinder in Kita und Tagespflege. Themenheft: Sinnliche Wahrnehmung. Freiburg, S. 24.

und hebt auf Bitten der Erzieher*in die Beine entsprechend an, damit diese den Po gut reinigen kann. Auch die neue Windel kann so schnell und sicher angelegt werden. Das Anziehen kann dann in dieser Körperhaltung zur Gleichgewichtsübung werden, indem jeweils ein Bein zum Anziehen hochgehoben werden muss. Für viele Kleinstkinder eine schwierige Aufgabe. Daher gilt auch hier: Je mehr das Kind aktiv am Wickelgeschehen teilnehmen darf, desto größer ist der Lerneffekt. Diese aktive Teilnahme von Säuglingen kann wieder durch das Handling unterstützt werden. Ferner gibt es bei kleineren Kindern auch noch andere Möglichkeiten, um den Gleichgewichtssinn zu fördern, z. B. können Babys das eine oder andere Mal in Bauchlage gewickelt werden. Das Hochziehen des Säuglings an den Fingern der Erzieher*in ist ebenfalls eine gute Übung. Wichtig ist hier jedoch, die selbstständige Kopfkontrolle des Säuglings. Denn »zunächst stellt für den Säugling schon die geringste Lageveränderung eine Gleichgewichtsaufgabe dar, die er lange übt, bevor er sich in die nächste Position wagt.«[9]

»Ich bin« – Körperbewusstsein entwickelt sich

Durch die ersten Erfahrungen über die Sinnessysteme und über seinen Körper macht das Kind auch gleichsam die ersten Erfahrungen über die eigene Existenz. Es lernt zwischen dem eigenen Körper und den Dingen, die es umgeben, zu unterscheiden. Die Erfahrungen, die das Kind in den ersten Lebenswochen und Monaten macht, führen zur Entwicklungsstufe des Selbst oder auch Körper-Selbst. Das Kind lernt seinen Körper, seine Stimme, seine Körpergrenzen und seine Lage im Raum (auch auf dem Wickeltisch) kennen. Dieses Körper-Selbst bildet die Basis für das Bewusstsein der eigenen Person. Durch die Wahrnehmung des Körpers ist dem Säugling und Kleinstkind die Unterscheidung von Ich und Umwelt möglich. Der Körper ist so das Bindeglied zwischen dem Selbst und der Umwelt, er vermittelt zwischen Innenwelt und Außenwelt. Das Kind wird zum Subjekt und Objekt der eigenen sinnlichen Wahrnehmung. Diese Wahrnehmung bleibt das ganze Leben von Bedeutung, ist jedoch in den ersten Lebensjahren am wichtigsten, wenn durch Sinnesreize die Entwicklung des Gehirns unterstützt wird und das Kind sich ein Bild über die Welt und sich selbst in ihr macht.

Das Körperbewusstsein setzt sich aus folgenden Faktoren zusammen:
◆ Die *Körperimago* beschreibt die Summe aller auf den Körper bezogenen Empfindungen. Wie fühlt sich etwas an? Wie fühle ich den Körper? Alle Erfahrungen, die das Kind mit und an seinem Körper macht. Auch die Erfah-

---

9   Ebd.

rungen, wie andere Menschen über ihn*sie reden und mit ihm*ihr umgehen, prägen die Imago (lateinisch = Bild) vom eigenen Körper.
- ◆ Das *Körperschema* umfasst die Kenntnis bzw. das Bewusstsein über die Handlungsmöglichkeiten und Kompetenzen des eigenen Körpers. »Der Begriff meint das innere planen sowie das willentliche und unwillkürliche Ausführen von Bewegungen.«[10] Das Gehirn erhält durch Verknüpfen und Verarbeiten von Sinneseindrücken ein Bild des Körpers. Es entsteht eine Art Landkarte des eigenen Körpers. Je genauer die Landkarte bzw. das Körperschema ausgeprägt ist, desto größer ist das Repertoire an Bewegungsmustern, auf die man zurückgreifen kann. Alltägliche Bewegungsmuster werden automatisiert und brauchen nicht mehr bewusst durchgeführt werden.
- ◆ Der *Körperbegriff* umfasst das tatsächliche Kennen und Wissen vom eigenen Körper, den einzelnen Körperteilen, deren Funktionen und Zusammenwirken sowie die Vorstellung, die man von sich selbst hat – Selbstbildnis. Das Kind lernt bzw. weiß z. B.: »Ich habe zwei Arme.«

Das Wickeln eines Kindes bezieht dessen ganze Körperwelt mit ein. Somit gehört das Berührt- und Gewickeltwerden zu den allerersten Erfahrungen, die das Kind über sein Körperbewusstsein entwickelt und als wichtige Körpererfahrung abspeichert. Die Kinder können auf dem Wickeltisch ihren Körper entdecken, erproben und erfahren. In der Reggio-Pädagogik hängen z. B. Spiegel über dem Wickeltisch, um den Kindern einen besseren und anderen Blick auf ihren eigenen Körper zu ermöglichen.

Besonders wichtig ist für Sie als Erzieher*in, dass Sie das Kind in der Wickelsituation als aktive*n Partner*in akzeptieren und in ihm*ihr kein Objekt oder nur einen kleines niedliches Püppchen sehen. Beim Wickeln sollte sich das Kind aktiv beteiligen und die Möglichkeit haben, sich darauf zu konzentrieren, was mit seinem Körper geschieht. Für Sie bedeutet das, dass das Selbstbestimmungsrecht des Kindes immer gewahrt werden muss. »Möchtest du jetzt gewickelt werden?« und »Darf ich dich wickeln?« sind daher sehr wichtige Fragen. Auch sollte das Kind immer die Möglichkeit haben, sich die Person, die es wickelt, selbst auszusuchen. Denn Wickeln ist auch Beziehungszeit. Das Wickeln sollte angekündigt werden, denn ein Kind, das zum Wickeln unangekündigt aus dem Spiel gezogen wird, verliert sein Selbstbestimmungsrecht und geht nicht freudig in die Wickelsituation. Um das Selbstbestimmungsrecht des Kindes zu wahren, muss dem*der Erzieher*in bewusst sein, dass eine gute Balance zwischen Nähe und Distanz nötig ist. Kuscheln und Streicheln beim Wickeln ist zwar schön, zeigt das Kind

---

10 www.nehrlich-ergotherapie.de/de/fachbegriffe_ergotherapie.php (06.02.2018).

aber eine ablehnende Reaktion, ist das zu respektieren. Psycholog*innen haben im Körperbewusstsein die Wurzel des Selbstbewusstseins erkannt – ein gutes Körperbewusstsein ist die Voraussetzung für ein gestärktes Selbstbewusstsein!

Wickelzeit ist Beziehungszeit

Voraussetzung für eine entspannte und stressfreie Wickelsituation ist eine vertrauensvolle Bindung und Beziehung zum Kind. In der Krippe gelingt dies in der Regel durch eine gute und erfolgreiche Eingewöhnung in die altersgemischte Gruppe. Neben der Eingewöhnung in die Kindergruppe ist darüber hinaus auch eine besondere und eigene Eingewöhnung für die Körperpflege und das Wickeln empfehlenswert. Am besten sollte der*die Erzieher*in daher am Anfang nur zuschauen, wenn das Kind von der Mutter/dem Vater gewickelt wird. Dabei sollte sie langsam Kontakt zu dem Kind aufnehmen, z. B. durch ein liebevolles Gespräch, um Schritt für Schritt die Pflege des Kindes zu übernehmen. Sie sollten dem Kind immer wieder die Zeit geben, die es braucht, um sich von der Mutter/dem Vater zu lösen. Dieser sanfte Aufbau von Beziehung in einer sehr persönlichen und intimen Phase hilft, spätere schwierige Wickelsituationen zu vermeiden, da das Kind gelernt hat, auf Sie zu vertrauen.

Ohne einen guten Beziehungsaufbau ist eine gute Wickelsituation nicht möglich. Um Vertrautheit zu garantieren, sollte jedes Kind daher eine*n feste*n Bezugserzieher*in haben.

Die Zeit am Wickeltisch ist sowohl für das Krippenkind als auch für dessen Bezugserzieher*in sehr wertvoll und kostbar. Im optimalen Fall ist es eine Zeit der Ruhe, Entspannung und körperlicher Nähe, in der das einzelne Kind im Fokus des Geschehens und der Aufmerksamkeit steht. Im turbulenten Tagesablauf mit seinen vielfältigen Verpflichtungen und Reizen kann das Wickeln zu einer besonderen Zeit für beide werden. Vielleicht die einzige Zeit am Tag, bei der man von einer 1:1-Betreuung sprechen kann. Es ist somit die Gelegenheit, um die Beziehung zwischen dem Kind und der Fachkraft zu festigen und zu stärken. »Sich von der Erzieherin wickeln zu lassen, ist ein Vertrauensbeweis, dessen sich die Erzieherin bewusst sein und deshalb mit größter Zugewandtheit agieren sollte.«[11] Es ist ein Wechselspiel von liebevoller Zuwendung und dem Zulassen von Nähe und Hautkontakt. Dies setzt ein Vertrauensverhältnis voraus, das behutsam aufgebaut und achtsam gepflegt werden muss.

---

11 Haug-Schabel, G./Bensel, J. (2010): Kinder unter 3 – ihre Entwicklung verstehen und begleiten. Kindergarten heute kompakt. Freiburg, S. 20.

Häufig konnte ich beobachten, dass Kinder die Ruhe im Wickelbereich sichtlich genossen. Es war wie eine kurze Verschnaufpause im Gegensatz zum lauten Gruppenraum mit den vielen anderen Kindern und Eindrücken. Mir war immer besonders wichtig, dass ich mit dem Kind ungestört und wirklich allein sein konnte. Die nötige Zeit und Ruhe war für diesen kurzen Wickeldialog und die Beziehungsarbeit mit dem Kind sehr wichtig.

> Wie viel Zeit nehmen Sie sich für das Wickeln eines Kindes? Wie viel Zeit dürfen Sie sich nehmen? Beobachten Sie unter diesen Gesichtspunkten bitte Ihr eigenes Tun und das Ihrer Kolleg*innen. Wie ist der Wickelraum gestaltet? Ist es dort schön warm und kuschelig? Wenn nein, warum nicht? Oder wickeln Sie vor einem Fenster zum Gruppenraum, sodass Sie alles im Blick haben, damit nichts Unrechtes passiert? Das Kind ist in solch einer Situation aber auch allen Blicken schutzlos ausgeliefert. Wie schützen Sie die Intimsphäre des Kindes und gestalten diese Beziehungszeit?

Ganzkörperbeobachtung beim Wickeln

Nur beim Wickeln oder Umziehen haben Sie als Erzieher*in die Möglichkeit, das Kind fast nackt zu sehen und können die Haut des Kindes betrachten und beurteilen. Beim Umziehen im Turnraum erhaschen wir Blicke auf Beine, Arme, Bauch und Rücken, aber der Windelbereich ist nur beim Wickeln (bei älteren Kindern um die drei Jahre nur beim begleitenden Toilettengang) einsehbar. Die Haut im Windelbereich wird extrem strapaziert und reagiert sehr schnell. Oft kommt es zu Rötungen oder Infektionen. Achten Sie beim Wickeln daher besonders auf diese Hautstellen. Ist die Haut gerötet, pickelig, entzündet oder sonst wie auffällig, sollten Sie die Eltern informieren, damit diese dann gegebenenfalls ihre*n Kinderarzt*ärztin zurate ziehen können. Auch einige Kinderkrankheiten, wie z. B. Windpocken, Röteln, Dreitagefieber und Masern können mit einem Exanthem (Hautausschlag) im Genital- und/oder Bauchbereich beginnen. Seien Sie also wachsam, aber nicht übereifrig. Erfahrene Kolleg*innen stehen Ihnen sicherlich mit Rat und Tat zur Seite.

Interessant dürfte für Sie die Feststellung sein, dass »Säuglinge nicht schwitzen. Die Schweißdrüsen sind erst im Alter von 2–3 Jahren voll funktionstüchtig.«[12] Ist die Kinderhaut stark gerötet oder fühlt sich sehr warm an, könnte das gesunde

---

12 Andreas, S./Becker, C. (2009): Gesundheits- und Kinderkrankenpflege. Express Pflegewissen. Stuttgart, S. 113.

Kind z. B. nur zu warm angezogen sein. Da gerötete, wunde Haut jedoch Schmerzen und Juckreiz verursacht und somit dem Wohlbefinden des Kindes schadet, sollten Sie auf angemessene Kleidung beim Kind achten. Eine wohlwollende und genaue Beobachtung ist immer auch als Missbrauchs- und Gewaltprävention zu sehen, denn nur während der Pflege haben Sie den freien Blick auf den ganzen Körper des Kindes. Bei Verdacht ist eine umfassende Untersuchung und Beurteilung der Gesamtsituation des Kindes von Fachleuten erforderlich, daher muss immer zuerst die Leitung involviert werden, bevor Sie Kontakt zu anderen aufnehmen. Auch hier gilt die Devise: Seien Sie wachsam, aber nicht übereifrig.

Der Wickeltisch ist ebenso ein optimaler Ort, um die motorischen, visuellen und auditiven Fähigkeiten sowie eventuelle Entwicklungsverzögerungen des Säuglings oder Kleinstkindes zu beobachten.

Beobachtet werden kann beispielsweise anhand folgender Fragen:
- Hebt das Kind auch in Bauchlage den Kopf?
- Kann es sich schon abstützen?
- Dreht es sich selbstständig?
- Greift es auch über die Körpermitte hinweg nach einem Spielzeug?
- Folgt es einfachen Handlungen und Anweisungen von Ihnen?
- Hilft es beim Wickeln?
- Kann das Kind selbstständig sitzen?
- Kann es sich schon allein hochziehen?
- Kommuniziert das Kind mit Ihnen?

Solche Beobachtungen auf dem Wickeltisch sind wichtig und nötig bei der Dokumentation und Führung eines Entwicklungsbogens und bieten sich ebenfalls an, um über die Allerkleinsten kleine Lerngeschichten oder Wickelgeschichten für das Portfolio zu schreiben.

Zum Weiterlesen

Anders, W./Weddemar, S. (2002): Häute schon berührt? Körperkontakt in Entwicklung und Erziehung. Dortmund

Andreas, S./Becker, C. (2009): Gesundheits- und Kinderkrankenpflege: Express Pflegewissen. Stuttgart

Ayres, J. (1992): Bausteine der kindlichen Entwicklung. Die Bedeutung der Integration der Sinne für die Entwicklung des Kindes. Berlin

Biermann, I. (2011): Alle Sinne aufgewacht. Wahrnehmungsspiele für Kinder unter 3 Jahre. Freiburg

Braitenberg, V. (2009): Das Bild der Welt im Kopf. Tübingen

Bub, B. (2008): Von der Pflicht zu Führen. Neun Gebote der Bildung. Berlin

Carle, U./Grabeleu-Szces, D./Levermann, S. (2007): Sieh mir zu beim Brückenbauen – Kinder in Bildungs- und Übergangsprozessen wahrnehmen, würdigen und fördern. Berlin
Dunker, L./Lieber, G./Neuss, N./Uhlig, B. (Hg.) (2009): Das Handbuch zum Lernen in Kindergarten und Grundschule. Stuttgart
Dinkmeyer, Sr. D./MacKay, G. D./Dinkmeyer, J. S./Dinkmeyer, Jr. D. (2008): Step – Das Buch für Erzieherinnen. Kinder wertschätzend und kompetent erziehen. Berlin
Elschenbroich, D. (2001): Weltwissen der Siebenjährigen. München
Fried, L./Roux, S. (Hg.) (2013): Handbuch. Pädagogik der frühen Kindheit. Berlin
Gonzales-Mena, J./Widmeyer-Eyer, D. (2007): Säuglinge, Kleinkinder und ihre Betreuung, Erziehung und Pflege. Freiburg
Haug-Schnabel, G./Bensel, J. (2010): Kinder unter 3 – ihre Entwicklung verstehen und begleiten. Kindergarten heute kompakt. Freiburg, S. 20
Hocke, N. (Hg.) (2008): Das Bildungsbuch. Dokumentieren im Dialog. Weimar
Jacobs, D. (2009): Die Konzeptionswerkstatt in der Kita. Weimar
Karsten, H. (2009): Entwicklungspsychologische Grundlagen 0–3 Jahre. Berlin
Karsten, H. (2005): Entwicklungspsychologische Grundlagen 4–6 Jahre. Weinheim
Krenz, A. (2007): Psychologie für Erzieherinnen und Erzieher. Berlin
Krenz, A. (2010): Kindorientierte Elementarpädagogik. Göttingen
Liebertz, Ch. (2000): Das Schatzbuch ganzheitlichen Lernens. München
Merz, Ch./Schmidt, H. W. (2008): Lernschritte ins Leben. Freiburg
Mienert, M./Vorholz, H. (2009): Kleine Kinder – große Schritte. Troisdorf
Montagu, A. (1990): Körperkontakt. Die Bedeutung der Haut für die Entwicklung des Menschen. Stuttgart
Mösch, B. (2005): In Gelassenheit lernen. Körperlichkeit und Beziehungsfähigkeit als Grundlage für integrative Lernprozesse. Dortmund
Neuss, N. (2010): Grundwissen Elementarpädagogik. Ein Lehr- und Arbeitsbuch. Berlin
Pikler, E. et al. (2008): Miteinander vertraut werden. Freiamt
Schlösser, E. (2004): Zusammenarbeit mit Eltern – interkulturell. Münster
Spitzer, M. (2002): Lernen, Gehirnforschung und die Schule des Lebens. Heidelberg
Spitzer, M. (2006): Lernen, die Entdeckung des Selbstverständlichen. Filmdokumentation. Hamburg
Wessel, M./Vom Wege, B. (2011): Zehn flinke Zappelzwerge. Fingerspiele für Kinder. Freiburg
Wilmes-Mielenhausen, B. (2006): Wahrnehmungsförderung für Kleinkinder. Freiburg
Zimmer, R. (2005): Handbuch der Sinneswahrnehmung. Grundlagen einer ganzheitlichen Bildung und Erziehung. Freiburg

DIE (NEUEN) GRUNDBEDÜRFNISSE DER KINDER

3 Die (neuen) Grundbedürfnisse der Kinder

Jedem Kind sollte in den ersten sieben Jahren Gelegenheit gegeben werden zu entdecken: Weniger war mehr.
Donata Elschenbroich[1]

Gibt es Grundbedürfnisse? Und wenn ja, waren die schon immer gleich? Oder verändern sie sich im Laufe der gesellschaftlichen Entwicklung ebenso wie die Herausforderungen, die es zu meistern gilt? Spannende Fragen die mich umtreiben und immer mal wieder Resümee ziehen lassen, mit Blick auf das, was für Kinder wirklich wichtig ist. Was brauchen sie, um sich gut zu entwickeln? Was brauchen sie, um in einer ungewissen Zukunft zu bestehen? Wann haben Sie das letzte Mal über die Grundbedürfnisse der Kinder nachgedacht oder sich im Team darüber ausgetauscht? – Wann haben Sie dazu die Kinder befragt? Haben Sie jemals dazu die Kinder Ihrer Einrichtung befragt? Was sie wohl sagen würden, wenn wir sie fragten?

Fragen Sie doch einfach mal die Kinder! »Was brauchst du, um hier in der Kita ungestört zu spielen?«; »Was ist dein Lieblingsplatz?«; »Mit wem spielst du gern und warum?«; »Was würde dir gut tun, wenn du traurig bist?«; »Warum kommst du gern in unsere Kita?« etc.

Sich mit den Grundbedürfnissen von Kindern zu beschäftigen ist spannend, aufschlussreich und gewinnbringend. Wahrscheinlich aber, so meine These, sind es die gleichen Bedürfnisse wie schon von Anbeginn unserer Zeit. Lediglich die Kontexte haben sich verschoben.

3.1 Grundbedürfnis 1 – Seelische Sicherheit

Jedes Kind hat ein Bedürfnis nach Ruhe, Geborgenheit, Anerkennung, Liebe, Fürsorge, Respekt, Verständnis und Akzeptanz der eigenen Persönlichkeit. Von daher sollten wir von Anfang an die Bindungsfähigkeit unserer Kinder fördern und großen Wert auf eine Vertrauenserziehung legen. Durch eine gute Bindung und Beziehung wird eine erfolgreiche Erziehung ermöglicht. Das beinhaltet Verlässlichkeit und Sicherheit sowie Zutrauen durch Vertrauen. Trauen wir unseren Kindern etwas zu, indem wir auf ihren Selbstlernprozess vertrauen. Geben wir ihnen viel Ermutigung und Anerkennung sowie dosiertes Lob, sodass sie lernen,

---

1 Elschenbroich, D. (2001): Weltwissen der Siebenjährigen. München, S. 184.

auch sich selbst zu vertrauen. Jedes Kind möchte in seiner Eigenart angenommen sein, wissen, wo es hingehört und spüren, wo seine Wurzeln (Bindungen) sind. Eine gute Bindungsfähigkeit ist Voraussetzung für jegliches Lernen und das zukünftige Leben.

> Denken Sie an Ihre eigene Kindheit zurück. Wo fühlten Sie sich sicher, geborgen, gut mit jemandem verbunden? Wo haben Sie Bindung gespürt, die Ihnen gut tat? Wo Bindung als Beklemmung, Einengung erlebt? Wie ermöglichen Sie Kindern, Bindungen aufzubauen? Wie geht es Ihnen damit, wenn Kinder mit Ihnen keine Bindung eingehen wollen? An wen würden Sie sich gerne binden?

3.2 Grundbedürfnis 2 – Erziehung

Dem Bedürfnis der Kinder nach Erziehung – hinsichtlich Führung, Grenzsetzung und Vermittlung von Werten und Normen – sollten Sie mit klaren Absprachen, Regeln, Grenzen und konsequentem Handeln begegnen. Das schließt aus, dass jedes Kind machen kann, was es will. Grenzen geben den Kindern Sicherheit, Halt und Geborgenheit, da sie somit nicht immer wieder aufs Neue ausprobieren müssen: »Was ist heute erlaubt bzw. morgen verboten?« Kinder brauchen für den Aufbau eines stabilen Selbstbewusstseins Menschen, die ihnen klar aufzeigen: »Bis hierher und nicht weiter!« Menschen, die in ihrem Handeln echt und authentisch sind und vorleben, was ihnen wichtig ist. Gleichzeitig sollten Sie den Kindern den nötigen Freiraum gewähren, den sie brauchen, damit sie die Eigenverantwortlichkeit für ihr Handeln erlernen und sich zu eigenständigen Persönlichkeiten entwickeln können.

Zum Ja-Sagen gehört auch Nein-Sagen. Wir neigen im stressigen Alltag dazu, Kindern nachzugeben und schneller Ja zu sagen, obwohl wir Nein meinen. Kindern jeden Wunsch zu erfüllen, scheint oft die schnellere Lösung zu sein. Langfristig führt dieses Verhalten aber in die Krise. Die scheinbare Zufriedenheit aller kippt auf Dauer in die Unzufriedenheit Einzelner und führt somit in die Sackgasse. Nein-Sagen führt oft unweigerlich sofort zu Konflikten, manchmal auch zu vorübergehenden Berührungsängsten und vielleicht sogar dazu, dass die Kinder sich verweigern. Daher sollten Sie abwägen, wann ein konsequentes Nein angebracht ist und Sie dieses auch durchhalten wollen und können. Denn glauben Sie mir eines: Auf Dauer wird es einfacher, wenn gerade kleine Kinder klare Strukturen erleben und eine liebevolle, aber konsequente »Ansage« erhalten. So erkennen sie, ein Nein bleibt ein Nein und wird nicht zum Vielleicht, Mal sehen oder gar Ja. Darüber hinaus können Sie Ausnahmen machen. Ausnahmen sind wichtig und wertvoll. Sie zeigen Kindern auf, dass sie und ihr Lerninteresse heute wichtiger sind als die Regel. Von daher dürfen sie, aber nur heute, und zurück bleibt ein besonderer Moment: »Einmal durfte ich ...« Kinder wissen, dass es etwas Besonderes ist, einmal etwas zu dürfen, was sonst eigentlich nicht erlaubt ist. Dieses tolle Gefühl bleibt jedoch nur dann erhalten, wenn auch die Ausnahmen etwas Besonderes bleiben und nicht zur täglichen Routine werden. Also achten Sie darauf: Geben Sie keine vorschnellen Versprechen oder gar Zusagen, die dann nicht eingehalten werden können. Seien Sie eindeutig in Ihrem Handeln und in Ihrer Sprache. Vermeiden sie z. B. Doppelbotschaften.

Doppelbotschaften sind eine Mischung aus Fragen und Bitten und gehören zu den häufigsten Mischformen in der Alltagssprache, wie z. B. »Kannst du bitte aufhören zu zappeln und still sitzen bleiben?!« Sie irritieren Kinder und führen häufig zu Kommunikationsproblemen. Beim Vermischen von Frage und Aufforderung sendet der*die Spreche*in mit einem Satz eine doppelte Botschaft. Der*Die Hörer*in empfängt diese verwirrende Nachricht und braucht einige Augenblicke, um die Nachricht zu entschlüsseln. Zeitverzögertes Handeln schließt sich häufig an, vor allem, wenn der*die Empfänger*in der deutschen Sprache noch nicht mächtig ist. Kleinere Kinder können mit doppelten Botschaften häufig gar nichts anfangen und reagieren daher auch oft stark verzögert oder gar nicht, was ihnen dann als Trödeln oder Nicht-Hinhören ausgelegt wird.

Besser, wir sagen klar und deutlich, was wir wollen, in diesem Fall: »Bleib bitte still sitzen« oder »Hör auf zu zappeln und sitz still«, dann weiß das Kind sofort, was Sache ist und muss die Nachricht nicht erst entschlüsseln. Eine Kleinigkeit mit großer Wirkung. Solche eindeutigen Nachrichten ersparen uns ebenso wie Regeln Ärger und ständige Diskussionen. Kinder können es gut aushalten, wenn Erwachsene sehr deutlich sagen, was sie wollen und erwarten. Sie wissen, dass ihre Wünsche und Vorstellungen nicht sofort und immer befriedigt werden müssen. Was Kinder allerdings nicht aushalten können, sind Erwachsene, die ihnen den ganzen Tag vormachen, wie gut sie drauf seien und dabei nicht zu ihren Ankündigungen und Ansagen stehen.

Die Ja-Sager (Eltern, Erzieher*innen oder Lehrer*innen) ersparen sich daher natürlich erst einmal all jene Konflikte und die damit verbundenen Reibereien. Doch durch dieses inkonsequente Verhalten der Erziehenden verlieren die Kinder ihnen gegenüber Achtung und Respekt. Das Verhalten der Ja-Sager ist für Kinder auf Dauer unglaubwürdig und führt oft zu weiteren Reibereien und Konflikten sowie letztendlich zum Vorbildverlust. Die prinzipiellen Nein-Sager (also autoritären Typen) sind natürlich in der heutigen Zeit – vor allen Dingen für eine partnerschaftliche Erziehung – auch keine brauchbare Lösung. Kinder müssen spüren, dass sie Einfluss nehmen dürfen und ihre Meinung gewollt und wichtig ist, dass sie beteiligt werden und mitentscheiden, damit sie Verantwortungsbewusstsein und Selbstständigkeit entwickeln können. Die ideale Lösung liegt daher, wie so oft, dazwischen: Ein nicht enden wollender Spagat zwischen Liebe und Führung und dem Einfordern von Disziplin.

> Kinder wollen Verantwortung übernehmen und mitentscheiden. Wo und wann sind die Kinder in Ihrer Kita aktiv an Entscheidungen beteiligt? Welche partizipativen Anteile haben Sie bislang installiert? Und bitte reflektieren Sie für sich, in welchen Situationen Sie zu schnell nachgeben und keine konkreten Grenzen setzen bzw. diese nicht konsequent einhalten. Überlegen Sie, warum es Ihnen schwerfällt, in diesen Situationen bei Ihrem Nein zu bleiben und was Ihnen in der Zukunft helfen könnte.

3.3 Grundbedürfnis 3 – Lob, Anerkennung und Ermutigung

Jeder Mensch sehnt sich nach Lob und Anerkennung und besonders Kinder brauchen zudem noch Ermutigung. Loben Sie echt und authentisch und verzichten Sie auf häufiges bzw. oberflächliches Lob. Das Kind nimmt dies eh nicht ernst, wenn es nicht auch selbst von seiner eigenen Leistung überzeugt ist. Zudem betont das Lob die Dominanz des Erwachsenen. Deshalb ist es sinnvoll, auch andere Formen der Bestärkung und Anerkennung zu nutzen, wie z. B. die Ermutigung. Bestärken Sie Kinder darin, auf die eigenen Fähigkeiten zu vertrauen und das eigene Geschick immer und immer wieder auszuprobieren, indem Sie z. B. Äußerungen tätigen wie: »Du kannst das schaffen«; »Du machst schon Fortschritte«; »Sicher wird dir das gelingen«; »So wie ich dich kenne, wirst du es gut hinbekommen«; »Ich vertraue deinen Fähigkeiten« etc. Schaffen Sie eine fehlerfreundliche Atmosphäre, in der es erlaubt, ja sogar gewünscht ist, Fehler zu machen. Fehler dürfen und müssen passieren, um daraus zu lernen. Das ist Kindheit, das ist Lernen.

Kein Kind darf dabei beschämt oder erniedrigt werden. Niemand kann wirklich gut etwas lernen, entdecken oder herausfinden, wenn er das Gefühl hat: »Ich kann hier jederzeit ausgelacht werden.« Sie sollten die Kinder daher ernst nehmen, wertschätzen und ihnen etwas zutrauen. Nur so können ihr Selbstvertrauen und ihr Selbstwertgefühl wachsen. Je besser Sie dosieren und differenzieren, d. h. so genau wie möglich benennen, was gut war, umso besser können die Kinder es nachvollziehen, annehmen und verinnerlichen.

> Kennen Sie den Unterschied zwischen Ermutigung und Lob? Durchdenken Sie bitte deren unterschiedliche Wirkungen und diskutieren Sie im Team, welche Arten der Verstärkung sie in Ihrer Kita einsetzen. Und wie lassen sich Eltern dafür sensibilisieren? Wie können Sie in der Kita erleben oder erfahren, dass Bestätigung einerseits gut für die Herausforderungen der Zukunft sind und anderseits die Dominanz der Erwachsenen prägt. Wie könnte man diese gemeinsam niedrig halten?

3.4 Grundbedürfnis 4 – Beständigkeit, Zeit und Rhythmus

Wir leben in einer schnelllebigen, hektisch verplanten Welt. Die Zeit der Kinder wird reglementiert, beschnitten und zerstückelt. Was fehlt, ist Ruhe, einfach mal innehalten und nichts tun, bei sich sein, zur Ruhe kommen und Zeit haben. Zeitwohlstand!!!

Zeit ist jedoch zu einem sehr kostbaren Gut geworden. Die Terminkalender der Kinder quellen über und die Zeit zum Spielen und für Ruhe ist häufig auf ein Minimum reduziert oder fehlt gänzlich. Mädchen die heute geboren werden, werden im Durchschnitt 96 Jahre, Jungen 90 Jahre. Und dennoch wird die Kindheit immer mehr auf ein Minimum zusammengestrichen. Viele Kinder werden bereits mit 5 Jahren eingeschult und später dann durch das Turbo-Abi geschleust. Aber warum? Damit sie sich dann nach dem Abi zwei bis drei Jahre durch Sozialpraktika oder Bufdi-Dienste (Bundesfreiwilligendienst) hangeln, da sie gar nicht wissen was für einen Beruf sie ergreifen wollen. Warum lässt man Ihnen nicht lieber am Anfang, in der Kindheit mehr Zeit? Nimmt den Druck raus und lässt ihnen Freiräume?

Darüber hinaus finden auch viele Kinder in ihrer Ursprungs-Familie nicht mehr die Beständigkeit, Struktur und Ruhe, die sie brauchen, um sich positiv zu entwickeln. Dabei brauchen Kinder Zeit, wollen Beständigkeit, Sicherheit und Geborgenheit und vor allen Dingen Struktur, z. B. in Form von lieb gewonnenen Wiederholungen: immer das Gleiche zur gleichen Zeit. Daher lieben Kinder Rituale wie das Zu-Bett-geh-Ritual, das Geburtstags-Ritual, das Verabschiedungs-Ritual usw. Und aus dem gleichen Grund hassen sie beispielsweise spontane Änderungen der Tagesstruktur oder spontane Entscheidungen, die ihr Leben in Unordnung bringen. Und dennoch gehört auch das zum Leben: Spontanität und Unplanbarkeit. Damit Kinder auch diese beiden Komponenten aushalten und mit ihnen umgehen lernen, brauchen sie Zuversicht und ein Mindestmaß an Kontinuität, also verlässlicher Zuwendung, Wärme und Struktur.

Kinder lieben Vertrautes, wie z. B. einen festen Tagesablauf mit klaren Zeiten für bestimmte Aktivitäten. Gestalten Sie den Tagesablauf in Ihrer Kita daher so, dass Kinder diesen nachvollziehen können. Bestenfalls beteiligen Sie die Kinder und lassen sie teilhaben an den Planungen. Das macht das Leben für die Kinder überschaubar und nachvollziehbar bzw. vorhersehbarer. Es eignet sich z. B. ein Wochenplaner, der jeden Tag mit einer anderen Farbe hervorhebt und die unterschiedlichen Aktivitäten mit Symbolen darstellt.

> Wie sieht Ihr Tagesablauf in der Kita aus? Wie groß sind die Zeitfenster, in denen die Kinder vertieft und ohne Unterbrechungen ins Spiel gehen können? Wo lassen Sie es zu, dass Grenzen und Absprachen gelassen übertreten werden? Wo greifen Sie ein und warum? Welche Vereinbarungen gibt es in Ihrem Team, um Kindern störungsfreie Spielzeiten zu ermöglichen?

Kinder wollen gern immer mit den gleichen Menschen, z. B. Erzieher*innen, Kindern, Freund*innen in der Kita, zusammen sein. Sie lieben einen festen Personenkreis und eine stabile Bindung zu bestimmten Bezugspersonen. Dies ist besonders für Krippenkinder wichtig. Man kennt sich und vertraut sich. Sie erleben Menschen immer wieder in bestimmten Rollen, können Dinge immer wieder an bestimmten Orten zur gleichen Zeit tun und erleben darin einen Rhythmus von wiederkehrenden Aktionen, wie z. B. dem Begrüßungsritual bei der Ankunft in der Krippe oder in der Kita.

Kinder lieben aus diesem Grund auch Feste wie Weihnachten oder Geburtstage, die immer wieder nach gleichem Schema oder Muster ablaufen. Je kleiner die Kinder sind, desto größer ist der Wunsch nach Ritualen. Dieses Grundbedürfnis nach Wiederholungen ist auch der Grund, warum sie sich mit Hochgenuss ein Buch zum zehnten Mal vorlesen lassen oder darauf bestehen, dass nun dieses oder jenes immer zur gleichen Zeit, am gleichen Ort stattfinden soll. Spätestens jetzt stellt sich die Frage, wie Kinder dann die ständig wechselnden Kontaktpersonen, wie die wechselnden pädagogischen Fachkräfte, den*die Babysitter*in und die Nachmittagsbetreuung durch die Nachbar*innen verkraften sollen und darüber hinaus lernen, wie man stabile Beziehungen oder Freundschaften aufbaut? Wie sollen sie zu einem eigenen Rhythmus finden, wenn ihr Leben unstrukturiert und chaotisch abläuft?

Viele Kinder haben heutzutage einen umfangreicheren Terminkalender als mancher Erwachsene oder verbringen alternativ bis zu 50 Stunden in der Woche in Fremdbetreuung. Bedenken Sie zudem bitte, dass eine durchschnittliche Vollzeitstelle einer Erzieher*in 39,5 Stunden beträgt. Da passt doch etwas nicht!?

Wir sollten daher gut im Blick behalten, wieviel Betreuung wir Kindern zumuten und vor allem wie wir diese gestalten und begleiten.

Zudem sollten wir bedenken, dass Kinder mehr Zeit brauchen und ein völlig anderes Zeitgefühl haben als wir Erwachsenen. Bitte verschließen Sie als verantwortlich tätige Erzieher*in Ihre Augen nicht davor. Kommen Sie mit Eltern darüber ins Gespräch, beraten Sie ehrlich und stellen Sie zugewandt und freundlich infrage, ob ein Krippenkind wirklich 45 Stunden in der Krippe verbleiben sollte. Helfen Sie Eltern auch dabei, eine gute Entscheidung zu finden, wenn es um die Freizeitaktivitäten der Kinder geht. Wägen Sie mit Ihnen gemeinsam ab, wie viel Freizeitkonsum dem Kind zuzumuten ist, auch wenn alles gut gemeint und alle Angebote für sich bestimmt sehr interessant sind: Weniger ist oft mehr.

Ich habe häufig erlebt, dass Eltern dankbar sind, wenn man sie offen und ehrlich, jedoch respektvoll und nicht vorwurfsvoll darauf anspricht und sie gleichsam berät, welches Angebot sinnvoll ist und welches vielleicht gestrichen werden kann. Teilweise waren die Eltern im Nachhinein froh und schlichtweg entlastet, dass durch das ehrliche Benennen der Druck genommen wurde, alles vorhalten zu müssen, um gute Eltern zu sein.

Krippen- und Kita-Kinder brauchen sehr viel Zeit zum Spielen. Denn darüber erschließen sie sich die Welt, befriedigen ihre Bedürfnisse, verarbeiten erlebte Prozesse, eignen sich ihre Widerstandsfähigkeit an und machen ureigene Erfahrungen. Kinder vertragen es sehr schlecht, wenn sie immer wieder aus einer Spielsituation herausgerissen werden. Obwohl Eltern in der Regel aus guten Absichten heraus handeln, verfallen sie oft den vielen Angeboten und Werbekampagnen, sodass sie glauben, den Kindern ständig etwas bieten zu müssen: am Wochenende, in den Ferien oder sogar am späten Nachmittag oder frühen Abend in der Woche. So fahren sie dann mit ihren Kindern zu vielen Veranstaltungen, an immer neue Orte. Wenn Kinder sich jedoch so häufig auf neue Situationen, Aktionen und Menschen einlassen müssen, fördern wir im Prinzip die Unruhe der Kinder. Ein Leben im Eiltempo – eine endlose Aneinanderreihung von Aktionen –, zum Verweilen und Wiederholen bleibt da keine Zeit, sodass trotz der vielen scheinbar spektakulären Aktionen oft nur innere Leere zurückbleibt. Denn für das Verarbeiten fehlt die Zeit.

Dabei müssen Eltern und auch Sie als Erzieher*innen den Kindern gar nicht ständig immer etwas bieten. Vielmehr brauchen sie Zeit und Ruhe. Zeit zum Zuhören, Zeit zum Spielen, Zeit für experimentelles Tun und für emotionale Nähe. Leben und Lernen kann nur gut gelingen, wenn eine liebevolle Atmosphäre vorherrscht und das Leben ein Mindestmaß an Ruhe und Beständigkeit bereithält und nach einem bestimmten Rhythmus verläuft. Dieser Rhythmus muss für die Kinder einschätzbar und wahrnehmbar sein, damit er zum Alltags-

Rhythmus wird. Verlässlich, stabil, überschaubar. Entschleunigen Sie den Alltag, da wo es Ihnen möglich ist und verlangsamen Sie Lernprozesse und Situationen für die Kinder. Denken Sie nur einmal in diesem Zusammenhang an unseren Herzschlag, unseren Atem. Wieso funktioniert das alles ohne große Anstrengungen? Weil es nach einem immer gleichen Vorgang bzw. Prinzip verläuft.

Rhythmus = ein Vorgang geschieht

1. An einem bestimmten Ort,
2. auf eine bestimmte Weise,
3. in einem bestimmten Zeitintervall, mit einer Pause und dann wieder von vorn.

Wenn Kinder einen solchen Rhythmus, solche Strukturen im Alltag nicht vorfinden und stattdessen erfahren, dass ihr Leben nicht nach festen Regeln stattfindet, sondern immer nach einem spontanen Gefühl oder nach einer spontanen Entscheidung, hat das Konsequenzen für ihre Entwicklung. Dies zeigt sich häufig in Zappeligkeit, Unruhe, Nervosität und in Unausgeglichenheit. Sie finden in der Kita oft schlecht ins Spiel oder sind sehr sprunghaft. Oft entwickelt sich daraus eine notorische Unruhe und manchmal sogar Aggressivität, da die Kinder sich nicht oder nur sehr schwer auf eine Sache voll und ganz einlassen können und am Ende sogar auf sich selbst wütend werden. Sie sind im übertragenen Sinn immer auf dem Sprung oder stehen unter Strom und müssen sich zum eigenen Schutz immer und immer wieder entladen.

Dieses Entladen hat natürlich Konsequenzen und Auswirkungen für alle anderen. Besonders in der Kita fallen diese Kinder unangenehm in der Gruppe auf und rücken oft in eine Außenseiterrolle. Zum einen sind sie für die anderen Kinder keine attraktiven Spielpartner*innen, da sie nicht verlässlich präsent sind und im Spiel bleiben. Zum anderen bekommen diese Kinder durch ihre Unaufmerksamkeit oft keine Zusammenhänge mit. Ihr Leben erstreckt sich nur auf Teilstücke bzw. Einzelaktionen. Auch Kinder, die nur sehr unregelmäßig eine Einrichtung besuchen, erleben das Phänomen. Man muss sich das wie ein Puzzle vorstellen. Jedes einzelne Fragment (jede einzelne Aktion) ist zwar interessant und spannend, aber erst wenn die Summe der Teile zu einem Ganzen zusammengebracht wird (die Informationen sich sozusagen zu einem Bild formen), ergibt sich ein Sinn und Befriedigung entsteht. Diese Befriedigung stellt sich jedoch bei diesen Kindern nicht ein, da sie ja immer nur Teile des Ganzen erleben. Ferner kann sich durch Fragmente oder Teilstücke erlangtes Wissen oft nicht richtig abspeichern. Es fehlen die Wiederholungsmöglichkeiten, die Variationen, das »Ich probiere es noch einmal. Ich erlebe es noch einmal, ich erlebe es von Anfang bis zum Ende«, da Aktionen nur teilweise erlebt werden oder nicht zu Ende gebracht werden. Es fehlt die Grundordnung, um zum eigenen Rhythmus zu finden.

> Welche Kinder fallen Ihnen dazu spontan ein? Was können Sie tun, um solche Kinder zu unterstützen? Was wären erste konkrete Schritte? Tauschen Sie sich im Team darüber aus und entwickeln Sie Ideen, wie sie solche Kinder (und dessen Eltern) »erden« können.

Rituale mit Wiederholungen und Struktur – statt Hektik und Unruhe: Kinder brauchen Zeit zum intensiven Spiel, zur Muße, zum Ausruhen, zum Zuschauen, Beobachten und Trödeln. Kinder brauchen Beständigkeit und Verbindlichkeit, damit sie dem Lern- und Leistungsdruck standhalten und emotional ausgeglichen sein können.

Sie als verantwortliche Erzieher*innen sollten neben den Eltern für ein Mindestmaß an Ruhe und Beständigkeit und somit Lebensrhythmus sorgen. Ferner sollten Sie sich jeden Tag eine feste Zeit freihalten, die Sie aufmerksam mit den Kindern verbringen, sei es am Frühstückstisch, im Atelier, beim Wickeln oder in der Leseecke. Nutzen Sie diese Zeit für Beobachtungen und für individuelle Entwicklungsbegleitung. Es ist die kostbarste Zeit des Tages!

> Wie verhält es sich mit Ihrem Lebensrhythmus? Welche Rituale und wiederkehrenden Prozesse bestimmen Ihr Leben? Erstellen Sie eine Liste mit nützlichen Ritualen für die pädagogische Arbeit, die Ihnen oder den Kindern hilfreich sein können. Von welchen Ritualen können Sie sich verabschieden, da sie einengen und den Freiraum unnötig begrenzen bzw. einengen?

3.5 Grundbedürfnis 5 – Bewegung

Jedes Kind hat ein sehr großes Bedürfnis nach Bewegung und das Recht dabei, zu forschen und zu experimentieren. Es darf oder sollte auch einmal durch Bewegung an eigene Grenzen stoßen, um dadurch mögliche Gefahren kennenzulernen. Nur so lernt es damit umzugehen und Strategien zu entwickeln. Ohne Risikobereitschaft erstarren Fortschritt und die Problemlösung. Für Kinder ist Risiko meistens lustbetont, herausfordernd und anspruchsvoll sinngebend. Sie lieben es, sich selbst und ihre Fähigkeiten herauszufordern und auszutesten.

Der Anspannung folgt die Entspannung, ganz natürlich durch den eigenen Körper. Bewegung hat in der Entwicklung von Kindern einen besonderen Stellenwert, da die Beweglichkeit des Körpers dem Kind ermöglicht, die Welt aus unterschiedlichen Perspektiven wahrzunehmen. Um sich im Team über das gemeinsame Fundament zur Risikobereitschaft abzustimmen, sollte sich jede*r die eigene Risikobereitschaft bewusst machen und darlegen, in wie weit er der Lust und Experimentierfreude der Kinder entgegengehen kann. Neben den realen Gefahren sind bei dieser Abstimmung neben der Lust der Kinder und ihrer Entwicklungsbedürfnisse ebenso die Erwartungen, Sorgen und Befürchtungen der Eltern zu berücksichtigen. Doch was hat eine höhere Priorität? Bedenken Sie eines, wenn nicht bei Ihnen in der Kita, wann und wo dann? Und Kinder brauchen Experimentierräume. Denn aus Fehlern und Erfahrungen lernt man. Stimmst?

Die frühkindliche Entwicklung ist geprägt durch die aktive sinnliche und bewegungsreiche Aneignung der Welt. Sie geht von der sinnlichen und bewegungsorientierten Erfahrung aus, da in diesem Alter die Sinne ausdifferenziert und in ihrer Funktion aufeinander abgestimmt werden müssen. Die Entwicklung und Differenzierung motorischer Fähigkeiten – der Fortbewegung, des Greifens oder der Koordination von Körperbewegungen – ermöglichen immer differenziertere Wahrnehmungserfahrungen, die die Grundlage des Denkens liefern. Zur Entfaltung ihrer Entwicklungspotenziale benötigen Kinder eine feinfühlige Begleitung durch erwachsene Bezugspersonen, eine anregende Umgebung und vielfältige Gelegenheiten, die ihnen selbstständiges Handeln und produktives Problemlösen ermöglichen. So werden vielfältige Bewegungsmöglichkeiten zur Grundlage für das spätere schulische Lernen.

Bewegungserziehung im Kindergarten dient nicht der möglichst frühzeitigen Vorbereitung auf sportliche Aktivitäten. Sie ist vielmehr grundlegender Bestandteil einer frühkindlichen Erziehung, deren Ziel eine gesunde, harmonische Persönlichkeitsentwicklung des Kindes ist.[2]

Jedes Kind sollte die Chance bekommen, vielfältige Bewegungserfahrungen machen zu können (sich wälzen, krabbeln, laufen, klettern, rennen, springen, hüpfen, schaukeln usw.). Kinder, die dies ausleben können, lernen ihre Kraft und Energie gezielt einzusetzen, vorsichtig und umsichtig, oder sich auch einmal überschäumend zu bewegen. Sie tippeln, gleiten, überwinden oder schlüpfen durch Hindernisse, steigen hinauf oder hinab, probieren mit anderen gemein-

---

2   Zimmer, R. (2004): Handbuch der Bewegungserziehung. Freiburg, S. 89.

sam aus, erleben Bewegung aktiv oder passiv, nehmen auf andere Rücksicht im gegenseitigen Tun, müssen aber auch hin und wieder etwas riskieren, wie z. B. Höhe oder Geschwindigkeit. Nur durch vielfältige und dauernde Bewegungserfahrungen nehmen Kinder ihren Körper im Verhältnis zum Raum wahr, verfeinern die Koordination ihrer Muskeln und werden sensibel für eigene Körperempfindungen.

In der aktiven Auseinandersetzung mit dem Körper und den verschiedenen Bewegungsformen werden die Kinder immer wieder herausgefordert und üben gleichzeitig ihre Kraftdosierung, Bewegungskoordination und Körperkontrolle sowie die Beherrschung motorischer Abläufe.

Generell sind Bewegungsabläufe ein natürlicher Vorgang. Kinder brauchen nur Gelegenheiten, diese vielfältig auszuprobieren, um umfangreiche Bewegungsformen zu lernen. Die daraus gewonnenen Erfahrungen und Schlussfolgerungen kann das Kind dann direkt auf den Alltag übertragen und ist somit den zukünftigen Alltagsanforderungen besser gewachsen. Vor allen Dingen lernt das Kind im Alltag selbstsicherer zu sein. Es lernt Strategien, die es dann wiederum später in anderen Lebensbereichen einsetzen kann, wie z. B.: einer Gefahr auszuweichen oder sich beim Hinfallen geschickt abzurollen. Es hat somit die Fähigkeit erworben, für ein auftretendes Problem verschiedene Lösungsansätze zu finden.

Zu Fehlentwicklungen kommt es immer dann, wenn Kindern zu wenig Bewegungsmöglichkeiten und Bewegungsfreiheiten geboten werden und ihnen so konkrete Erfahrungsräume fehlen. Ihre Aufgabe als Erzieher*in sollte es sein, Kindern sowohl in Innenräumen als auch auf dem Außengelände großzügige Bewegungsräume für das grobmotorische Spiel und ihre vielfältigen Bewegungsbedürfnisse zu bieten. Kinder sollten bei Ihnen in der Einrichtung »raumeinnehmend« aktiv werden können.

> Wie steht es denn mit Ihrem Bewegungsbedürfnis? Treiben Sie aktiv Sport? Macht Ihnen Bewegung Spaß? Sind sie gern mit den Kindern aktiv? Draußen im Außengelände oder im Bewegungsbereich in der Kita? Wann gehen Sie ein Risiko ein? Wie definieren Sie Risiko und wie vermitteln Sie Eltern gegenüber die eigene Risikobereitschaft?

3.6 Grundbedürfnis 6 – Freundschaft, Gemeinwesen und sich in der Gruppe wohlfühlen

Eine*n echte*n, reale*n Spielpartner*in können weder das bestausgestattete Kinderzimmer noch die engagiertesten Eltern oder die organisierteste Kita ersetzen. Die Art und Intensität zwischenmenschlicher Beziehungen prägen die Selbstwahrnehmung und das Ich-Erleben eines Kindes sowie sein Bild von der Welt. Von daher ist es wichtig, dass Kinder verlässliche Bezugspersonen, vor allem aber viele Kontakte mit anderen Kindern haben und mit ihnen spielen können. In der Kita erlebt das Kind viele andere Kinder mit unterschiedlichen persönlichen Eigenschaften, Emotionen und sozialen Fähigkeiten. Es erfährt Zuneigung, Freundschaft, Ablehnung und Streit und lernt sich gegenüber Gleichaltrigen abzugrenzen und zu behaupten, aber auch sich als Teil einer Gemeinschaft zu fühlen. Vieles, wie beispielsweise die Sprache, lernen Kinder von Erwachsenen, aber gerade die sozialen Erfahrungen werden neben dem Zusammensein mit Erwachsenen hauptsächlich im Kontakt mit anderen Kindern erprobt, entwickelt und gelernt.

Das Bedürfnis nach Zusammensein mit anderen Kindern beinhaltet auch das Recht der eigenen Auswahl der Spielgefährt*innen und der Spielmaterialien. Die Kita bietet den Kindern ein Lernfeld, in dem sie sich gegenseitig beeinflussen und voneinander lernen können. Bewährt hat sich die Grundhaltung: »Frag doch zuerst ein anderes Kind, ob es dir hilft. Wenn ihr nicht weiterkommt, helfe ich gern.«

Sie als Erzieher*in sollten Kontaktmöglichkeiten bieten und die freundschaftlichen Beziehungen der Kinder untereinander fördern, um sie in ihrem Bestreben nach Freundschaft zu bestärken und anzuleiten, füreinander Verantwortung zu übernehmen. Denn nur so entstehen echte emotionale Bindungen und es stellt sich ein Wohlgefühl ein. Wichtig ist, dass gleichsam das Streben nach Autonomie und Eigenbestimmung respektiert und geschätzt wird. Kinder unter Kindern – es gibt selten eine Spielsituation, in der mehr soziales Lernen möglich ist. Hier muss das Kind:

- Absprachen treffen,
- sich engagieren,
- Hilfestellung geben oder
- Hilfe in Anspruch nehmen,
- sich konkret mit Vorschlägen einbringen oder zurücknehmen,
- seine Interessen und Bedürfnisse durchsetzen oder auch zurückstellen,
- lernen Streit auszutragen und sich wieder zu vertragen,
- gemeinsam eine Lösung finden.

Durch ein aktives bewegungsorientiertes Spiel sollen Kinder lernen, Konflikte selbst und in Gemeinschaft zu lösen, füreinander einzustehen, anderen zu helfen und eigene Grenzen zu akzeptieren.

Reibereien und Konflikte gehören dabei selbstverständlich dazu und sind pädagogisch bedeutsame Lernsituationen. Sie sollten daher den Kindern in konfliktbeladenen Spielsituationen mit interessierter Distanz zur Seite stehen, um flexibel und angemessen reagieren zu können. Dazu gehört auch, dass Kinder die Möglichkeit haben, hin und wieder außerhalb unserer Ruf- und Hörweite zu spielen (natürlich dem Entwicklungsstand der Kinder angemessen). Sie brauchen und wünschen sich unpädagogisierte Spielräume – geheime Orte abseits der Kontrolle und Aufsicht.

Was Kinder an diesen Orten lernen, ergibt sich aus ihnen selbst heraus, im eigenen Lernprozess durch Ausprobieren und selbst Tun, durch Aushandeln und Nachgeben. Denn nur in der aktiven Auseinandersetzung mit anderen Kindern können sie spezielle Formen von Gleichheit und Verschiedenheit erleben, müssen Handlungsnotwendigkeit und Solidarität bestimmen und die Auseinandersetzung mit anderen Kindern in der aktiven Beziehung ausleben. Diese aktive Auseinandersetzung ist wichtig, da sie hier genau die Möglichkeit bekommen, Wünsche, Meinungen und Interessen der anderen mit dem eigenen Verhalten zu koordinieren. So gewinnt die Wertigkeit von Freundschaften im Laufe der Zeit eine ureigenste Bedeutung.

> Welche Formen von Kinderfreundschaften beobachten Sie im Alltag? Überlegen Sie, ob die Kinder in Ihrer Gruppe genügend Freiräume erhalten, um ihre Freundschaften untereinander zu pflegen. Wie unterstützen Sie ganz konkret die Bemühungen der Kinder? Und wie gehen Sie im Alltag mit den Streitigkeiten der Kinder innerhalb ihrer Freundschaften um? Wo gibt es in Ihrer Kita geheime Orte für die Kinder?

3.7 Grundbedürfnis 7 – Realistische Vorbilder

Realistisch heißt in diesem Sinne weder gut noch schlecht, sondern echt und authentisch. Wie Sie eingangs schon gelesen haben, sind Sie – als Erzieher*in – Begleiter*in der Kinder auf deren individuellem Weg. Sie sind aber auch Orientierungshilfe, Wegweiser, somit immer unmittelbares Vorbild und letztendlich auch ein Mensch – mit Fehlern, Gefühlen und eigenen Bedürfnissen. Es ist wichtig, dass Kinder dies auch erleben. In einer Atmosphäre der Sicherheit, des Vertrauens und der Akzeptanz können die Kinder ihre Lernchancen optimal nutzen und es gut aushalten, wenn der*die Erzieher*in sich klar positioniert, eindeutige Grenzen setzt oder äußert, wenn er*sie wütend ist. Erziehung geschieht immer im Miteinander bzw. in der Auseinandersetzung mit dem Gegenüber. Sie sind als Erzieher*in für die Kinder in ihrem sozialen und emotionalen Verhalten und in der Gestaltung sozialer Beziehungen immer Vorbild, werden jedoch gleichsam als Mensch mit persönlichen Stärken und Schwächen erlebt. Werte und ethische Grundhaltungen werden nicht durch Worte vermittelt, sondern durch konkretes Vorleben. Was Sie als Erzieher*in vorleben, prägt das Kind. Möchten Sie, dass die Kinder respektvoll Ihnen und anderen gegenüber sind, müssen auch Sie die Kinder respektvoll behandeln und sie beispielsweise nicht in Anwesenheit anderer zurechtweisen oder gar bloßstellen. Wenn Sie möchten, dass die Kinder keine Schimpfwörter oder Fäkalausdrücke benutzen, dürfen Sie solche Wörter selbst auch nicht benutzen. Und wer z.B. möchte, dass die Kinder Freude an Büchern entwickeln, muss auch selbst Freude am Vorlesen haben und dies in seiner Gruppe häufig anbieten, um ihnen zum Bücher-Vorbild zu werden. Kinder lernen an Modellen, dies gilt für alle Bereiche des Lebens. Authentisch sein, heißt echt sein! Einschätzbar sein. Das heißt nicht, immer perfekt sein zu müssen. Eine perfektionistische Haltung wäre kein stärkendes Vorbild für Kinder.

Zum Glück sind Erzieher*innen nicht perfekt! Und das ist auch gut so. Es wäre für die Kinder sonst unerträglich, da gerade sie über Fehler und ausprobieren, über Abschauen und Nachahmen lernen. Ein Vorbild, ein Mensch mit Stärken und Schwächen, der selbst Fehler macht oder auch mal wütend wird, aber bereit ist, sein Verhalten zu reflektieren, wird von den Kindern mehr geachtet und geliebt als die immer gut gelaunte, neutrale Erzieher*inmaschine. Ein Mensch aus Fleisch und Blut, der sich selbst als lebenslang Lernenden sieht, aktiv vorlebt, was wichtig, richtig und vor allen Dingen wünschenswert ist, der auch Fehler machen darf, ist für die Kinder ein umso glaubwürdigeres Vorbild.

> Womit beschäftigen Sie sich gerade außerhalb Ihrer Arbeitszeit? Welches Fachbuch lesen Sie? Welches Hobby begeistert Sie? Rufen Sie sich bitte eine Situation ins Bewusstsein, in der Sie ein konkretes Vorbild waren und Kinder durch Ihr Verhalten oder Handeln inspiriert haben. Wo waren Sie nicht perfekt? Wo und wann waren sie Kindern ein nicht perfektes aber wichtiges Vorbild?

3.8 Grundbedürfnis 8 – Spielen

Das Spiel ist eine der wesentlichen Grundformen der kindlichen Entwicklung und ist daher von größter Bedeutung. Das eigentliche Spiel ist eine zweckfreie und selbst gewollte Betätigung, die Freude, Spaß und Befriedigung bringt. Für das Kind ist das Spielen aber gleichzeitig auch eine sehr ernsthafte und oft anstrengende Tätigkeit, denn Spielen, Fantasie und Lernen gehören immer zusammen. Im Spiel erobert sich das Kind seine gesamte Umwelt, verarbeitet sein Wissen von der Welt, entwickelt Fähigkeiten, löst Probleme, gestaltet Beziehungen und erfindet seine eigene Fantasiewelt. Es setzt dabei seine ganze Persönlichkeit, all seine Fähigkeiten, Erfahrungen und Gefühle ein. Es verarbeitet im Spiel seine Umwelteindrücke und Dinge, mit denen es sich gerade beschäftigt. Es werden Handlungsmöglichkeiten eingeübt und oft ist das Spiel auch ein Ventil für Spannungen, die dann ausgelebt werden können. Dabei entwickelt sich die gesamte Persönlichkeit des Kindes.

Alle Entwicklungsbereiche werden nahezu gleichzeitig im Spiel angesprochen und gefördert. Im freien ausdauernden Spiel erwirbt ein Kind alle Fähigkeiten, die es als Grundlagen zur Lebensbewältigung braucht. Es erwirbt aber auch jene Fähigkeiten, die für das schulische Lernen relevant sind, wie z. B. Interesse, Durchhaltevermögen, Ausdauer, Anstrengungs- und Lernbereitschaft, die sprachliche Ausdrucksfähigkeit und das so wichtige soziale Handeln. Die gesamte Palette an Fähigkeiten ist wichtig, um neuen unbekannten Anforderungen und Herausforderungen selbstsicher gewachsen zu sein. Weil so viele unterschiedliche Fähigkeiten während des Spiels entwickelt werden, ist das Spiel nicht eine Alternative zum Lernen, sondern letztendlich eine Möglichkeit des Lernens. Die Lernfähigkeit setzt somit eine gute Spielfähigkeit voraus.

Es gilt gute Voraussetzungen dafür zu schaffen, um die Entwicklung der Spielfähigkeit der Kinder zu begünstigen. Die wichtigsten Voraussetzungen für ein fantasievolles, bewegungsaktives und autonomes Spiel sind:

- *Wahlmöglichkeit:* Das Kind darf selbst bestimmen mit wem, womit und wo es spielen möchte.
- *Zeit:* Die Chance wirklich ungestört, intensiv und lange spielen zu können.
- *Vielfalt:* Vielfältige Auswahlmöglichkeiten an Material, Orten und Spielprozessen zur Verfügung zu haben.

Um Kindern vielfältige Erfahrungsmöglichkeiten zu bieten, sollten Sie sehr viel Wert auf ein reichhaltiges Angebot an Spielmöglichkeiten legen und dieses wohldosiert und gut überschaubar zur Verfügung stellen. Durch eine intensive Beobachtung im Spielalltag der Gruppe lassen sich schnell Vorlieben und Interessen der Kinder herausfiltern.

Welches Spiel haben Sie zuletzt gespielt? Hat es Ihnen Freude bereitet? Wenn ja, warum? Wenn nein, warum nicht? Bei welchen Spielformen fällt es Ihnen leicht, mit den Kindern ins Spiel zu kommen? Bei welchen Arten von Spielen tun Sie sich eher schwer? Und warum? Auf welche Weise ermutigen Sie Kinder in ihren Anstrengungen, eine selbst gestellte Aufgabe im Spiel zu lösen?

Ebenso reichen häufig Impulse durch einfache Materialien aus, damit die Kinder ihrer Fantasie freien Lauf lassen können, wie z. B. Naturmaterialien, Holzreste, Pappschachteln usw., mit denen die Kinder experimentelle Erfahrungen sammeln.

Das Spiel frei bestimmen zu können bedeutet, dass Kinder die Möglichkeit bekommen, zu klettern, zu toben, zu basteln, zu experimentieren, zu malen, Rollen und Fantasiespiele zu spielen, zu singen, Dinge zu hinterfragen etc. Nur so haben sie die Möglichkeit, mit allen Sinnen (Riechen, Hören, Sehen, Fühlen) aktiv zu sein.

Ist dies auch möglich, wenn ein Kind scheinbar nichts tut? Die beobachtbare Passivität ist äußerlich sichtbar, aber innerlich? Was passiert da? Das Kind kann aktiv etwas beobachten, aktiv seinen Gedanken nachhängen, aufpassen, abschauen, zuschauen, überlegen, fantasieren, nachdenken. So können Kinder neue Impulse und Anstöße für ihr individuelles Spiel gewinnen. Außerdem werden damit oft die ureigensten inneren Antriebe geweckt. Es gilt gut hinzuschauen, welche Qualität die Passivität besitzt, denn Kinder sollen nicht nur konsumieren oder gar eine Konsumhaltung entwickeln, nach dem Motto: »Mach was mit mir, bespiele mich«, sondern vielmehr selbst aktiv werden. Wer kennt in diesem Zusammenhang nicht den Ausspruch: »Gut Ding braucht Weile.« Von uns als Erziehende ist erst einmal Zurückhaltung gefragt. Wir müssen abwarten und aushalten, dass das Kind scheinbar untätig ist. Gleichzeitig sollten wir sensibel genug sein, um zu erkennen, wann ein Impuls, ein Mitspielen notwendig wird, um das Spiel des Kindes wieder in Gang zu bringen. Dies schließt aus, dass wir immer für die Kinder bereitstehen, um sie rund um die Uhr zu bespielen, besingen, bebasteln – und somit zu ihren Animateur*innen werden. Bitte achten Sie im Alltag darauf. Zu leicht tappt man in die Bespiel-Mich-Falle. Achten Sie auf eine gute Balance zwischen Anregung geben und abwarten können, Freiraum und Ordnung, selbstbestimmtem Spiel und angeleiteten Aktionen.

Bildungsprozesse sind zudem immer angewiesen auf soziale Interaktion, auf die Interaktionen zwischen Kind und Erwachsenen (Ko-Konstruktion) ebenso wie auf die Interaktionen der Kinder untereinander. Welches Bild ein Kind von sich selbst entwickelt, wie es sich zu anderen Menschen in Beziehung setzt und welche Ausschnitte der Welt es sich erschließt, ist dabei immer abhängig vom konkreten sozio-kulturellen Kontext.

So ist die Entwicklung des Selbstbildes beeinflusst davon, welches Bild vom Kind die Erwachsenen haben. Und dies zeigt sich auch in der Spiel- und Materialauswahl.

Hilf mir, es selbst zu tun.[3]

Weniger ist oft mehr! Erschlagen Sie die Kinder ihrer Gruppe nicht mit Spielmaterial. Ich habe oft erlebt, dass Erzieher*innen es ja gut meinten, aber gar nicht mehr mitbekamen, dass die Kinder ihrer Gruppe nur schlecht ins Spiel fanden, da sie von den übervollen Regalen mit unzähligen Gesellschaftsspielen, Puzzeln und Steckspielen überfordert waren. Sie konnten sich schlichtweg nicht mehr für eine Sache entscheiden. Und wenn doch, war es häufig das heiß geliebte und wohlbekannte Obstgartenspiel oder ein anderer Favorit. Sie griffen nach dem, was bekannt und somit einfach spielbar war.

Die präsentierten Spiele und Materialien sollten daher immer einen hohen Aufforderungscharakter haben. Damit ist gemeint, dass alles für die Kinder gut erreichbar, gut zugänglich und gut sichtbar sein sollte. Als besonders vorteilhaft hat sich erwiesen, wenn die entsprechenden Gegenstände im Regal ihren festen Platz haben, vielleicht sogar mit einem Zeichen oder Foto markiert, damit das Aufräumen noch leichter und selbstständiger gelingt. Lieber ein, zwei Puzzle, Gesellschaftsspiele und Konstruktionsmaterialen mit den Kindern zusammen ausgewählt, gut sichtbar im Regal nebeneinander, auf einem bestimmten Platz präsentieren, als fünf Puzzle und sechs Spiele übereinander gestapelt im Schrank verstauen. Jedes Teil braucht seinen Platz, jedes Spielmaterial seine Aufbewahrungsbox mit Materialkärtchen. So können Kinder Ordnung halten, finden durch die äußere Ordnung zur inneren und leichter ins Spiel.

Tauschen Sie das Spielmaterial von Zeit zu Zeit einfach mal aus. So halten Sie die natürliche Neugierde der Kinder wach, aber überfordern sie nicht. Auch bietet sich unter partizipativem Blick ein Rundgang mit den Kindern an, in dem sie dann selbst entscheiden, welches Material »raus kann« oder getauscht werden sollte.

Wenn wir als Erzieher*in das Spielen als Schlüssel zum Lernen begreifen, müssen wir Dinge und Vorgänge anregen, die das Interesse der Kinder wecken. Letztendlich führen lustvolle, positiv besetzte Spielaktionen zu konzentrierter

---

3   Maria Montessori (1870–1952).

Beschäftigung. Sie sind daher für Bildungsprozesse der Kinder im vorschulischen Bereich verantwortlich. Kinder brauchen die Möglichkeit zu eigenem Denken, Fühlen, Erleben und Handeln, brauchen Lernprozesse, die sie durch ein intensives Spiel gewinnen. Diese ganzheitlichen Lernmöglichkeiten müssen Sie als Erzieher*in schaffen, indem Sie

- die Kinder mit Freude und Neugier forschen und entdecken lassen,
- ihnen Möglichkeiten schaffen, dass sie die Welt mit allen Sinnen wahrnehmen und begreifen können,
- ihnen vielfältige Erfahrungsmöglichkeiten zur Verfügung stellen,
- ihnen Bewegungs- und Freiräume schaffen,
- ihnen die Chance geben, mit sich selbst und der Welt ins Gleichgewicht zu gelangen, indem Sie ihnen Zeit lassen und diese nicht zerteilen, zerreißen und verplanen,
- dafür sorgen, dass sie mit Konzentration und dennoch mit Entspannung an eine Sache herangehen können,
- ihnen Wiederholungen ermöglichen, damit sie Dinge immer und immer wieder tun können,
- im Hier und Jetzt als Individuum begreifen. Einzigartig – mit individuellen Fähig- und Fertigkeiten.

Ich lade Sie zu einem Rundgang in Ihre Gruppe ein. Verschaffen Sie sich einen Überblick über die Spielmaterialien. Prüfen Sie kritisch das Angebot. Welche *alten Hunde* tummeln sich in Ihren Regalen und Schränken, mit denen schon lange kein Kind mehr spielt? Was müsste einmal ausgetauscht werden? Haben alle Materialien und Spiele ihren eigenen Platz? Können die Kinder ganz selbstständig sehen, wo was zu finden ist und vor allem, wo was wieder hingehört? Welches Material oder Spiel würde einen neuen Spielimpuls bringen? Reflektieren Sie unter diesen Gesichtspunkten Ihre Spiel- und Materialauswahl in der Gruppe. Welche kindlichen Spielformen kennen Sie? Intelligenzentwicklung durch Spielen!? Spielen ist lernen!? Wie und in welcher Form erklären Sie Eltern diese komplexen Zusammenhänge?

3.9 Grundbedürfnis 9 – Träume und Lebensziele

Wer hat die Welt gemacht? Warum ist Wasser nass? Was tut der Wind, wenn er nicht weht? Schläft die Sonne in der Nacht und der Mond am Tag? Kinder brauchen einen inneren Freiraum, um Schritt für Schritt zu ihrem eigenen Lebensentwurf zu finden. Sie haben noch eine ganz selbstverständliche Verbindung zur geistigen Welt, aus der sie kommen. Völlig unbefangen geben sie uns mit ihren ureigenen Fragen Impulse und fordern uns heraus. Ein Lebenssinn oder ein Lebensziel lässt sich ebenso wenig an ein Kind weitergeben wie ein Wert, sondern nur über das eigene Vorleben anbieten. Wer von uns Erziehenden könnte die teilweise tiefgründigen Fragen der Kinder einfach so in einem Satz beantworten? Kinder beschenken uns damit, wenn sie sich angenommen und ernst genommen fühlen und wenn wir offen und zugewandt bleiben. Häufig sind es nur kurze, ja fast magische Momente, in denen diese Dialoge stattfinden, die uns die innere Größe der Kinder erahnen lassen. In solchen Momenten kann man spüren, dass Kinder Sinnsucher*innen sind. Sie durchleben die Entwicklungsstufen und wachsen dabei auch innerlich.

Seien Sie achtsam und nehmen Sie die teilweise tiefgründigen Fragen der Kinder ernst. Seien Sie interessiert und ehrlich. Kinder spüren, wenn wir ihnen etwas vormachen. Heute, da uns Äußerlichkeiten, Konsum und Lärm oft massiv in Beschlag nehmen, ist es wichtig, Kinder ganz bewusst an das heranzuführen, was innerlich aufrichtet und berührt. Die Auseinandersetzung mit der Schöpfung, ein Spaziergang in der Natur, eine Kerzenmeditation, die Natur wertschätzen, Nähe erleben, kulturelle Vielfalt positiv bejahen, ökologisch handeln, Achtsamkeit entfalten, Zuwendung erfahren, etwas erhalten oder reparieren, Solidarität spüren, Initiative entwickeln oder durch eine Fantasiereise innerlich berührt werden, laden Kinder ein, all dieses zu entdecken. »Kinder stark machen« heißt, sie stark für die Zukunft zu machen. Damit sie dieser optimistisch entgegensehen, müssen wir ihnen die schönen Dinge des Lebens zeigen, die Wunder der Welt offenbaren und sie zum Staunen einladen.

Unsere Welt ist in einem großen Wandlungsprozess, vieles verändert/verschiebt sich. Die Kinder brauchen in der Zukunft viel Kraft, um den neuen und veränderten Herausforderungen zu begegnen. Helfen wir Ihnen, einen gesunden Optimismus zu entwickeln, indem wir uns positiv mit Kindern auf eine Sache einlassen und sie so anregen, es uns gleich zu tun. Oder in der Sprache von Pippi Langstrumpf ausgedrückt: »Das habe ich noch nie gemacht! Hey, dann wird es bestimmt gut.«

Lachen Sie mit den Kindern. Freuen Sie sich mit ihnen an Kleinigkeiten und Alltäglichem: »Schön, dass es dich gibt!«; »Schön, dass wir dieses leckere Essen genießen können.«; »Schön, wie du das Bild gemalt hast.«; »Schön, dass Marcel wieder gesund ist.«; »Schön, dass die Sonne heute scheint.«; »Schön, dass wir deinen Geburtstag mit so vielen Kindern feiern.«; »Schön, ...« Im Vergleich mit vielen anderen Menschen auf dieser Welt geht es uns hier in Deutschland sehr gut. Zufriedenheit wäre ein toller »Motor« für die Zukunft.

> Was ist Ihr Lebensziel, Ihr Lebenssinn, Ihr Lebenstraum? Woran können Sie sich im Alltag erfreuen? Haben Sie heute schon gelacht und sich gefreut? Wann hatten Sie Ihren letzten magischen Moment mit einem Kind? Wann haben Sie Solidarität gespürt? Wann haben Sie etwas repariert oder erhalten, wann die Natur wertgeschätzt oder eine Anstrengung lustvoll gemeistert?

Zum Weiterlesen

Dobrick, M. (2016): Demokratie in Kinderschuhen. 2. Aufl. Göttingen
Dreier, A. (1993): Was tut der Wind, wenn er nicht weht? Berlin
Franz, M. (2016): Heute wieder nur gespielt – und dabei viel gelernt. Den Stellenwert des kindlichen Spiels überzeugend darstellen. München
Gründler, E. C. (2008): Rohstoff Intelligenz. Düsseldorf
Knauer, R./Brandt, P. (1998): Kinder können mitentscheiden. Berlin
Krenz, A./Klein, F. (2013): Bildung durch Bindung. Göttingen
Kurtik, Ch. (2010): Erziehen mit Gelassenheit. Stuttgart
Lohaus, A. (2015): Entwicklungspsycholgie des Kindes- und Jugendalters für Bachelor. Heidelberg
Montessori, M. (2000): Kinder sind anders. München
Raapke, H.-D. (2001): Montessori heute. Eine moderne Pädagogik für Familie, Kita und Schule. Hamburg
Regner, M./Schubert-Suffrian, F. (2016): Partizipation in der Kita. Freiburg
Reichert-Garschhammer, E./Kieferle, Ch./Wertfein, M./Becker-Stoll, F. (Hg.) (2015): Inklusion und Partizipation – Vielfalt als Chance und Anspruch. Göttingen
Rogge, J.-U. (2000): Kinder brauchen Grenzen. Hamburg
Schäfer, G. E. (2005): Bildung beginnt mit der Geburt. Weinheim
Staats, H. (2014): Feinfühlig arbeiten mit Kindern. Göttingen
Wyrobnik, I. (Hg.) (2012): Wie man ein Kind stärken kann. Ein Handbuch für Kita und Familie. Göttingen

EIN UMDENKEN IST NOTWENDIG!

4 Ein Umdenken ist notwendig!

Man kann einen Menschen nicht gegen seinen Willen erziehen, so wenig wie man ihn gegen seinen Willen gesund machen kann.
Hartmut von Hentig[1]

Wir können den neuen Herausforderungen und Problemen unserer jetzigen Gesellschaft nicht mit alten herkömmlichen Konzepten und Lösungsansätzen vergangener Jahre begegnen. Wir brauchen ein Umdenken und zwar schnell! Die ganze Welt befindet sich in einer großen Veränderung und wir in Europa, in Deutschland mittendrin. Durch die große Flüchtlingswelle im September 2015 kamen täglich tausende Flüchtlinge zu uns nach Deutschland. Unsere Bundeskanzlerin, Angela Merkel, ging zu diesem Zeitpunkt noch davon aus, dass wir diese Herausforderung mit unseren altbewährten Migrations- und Integrationssystemen leisten könnten – diese vielen Menschen aufzunehmen und zu integrieren. Ihre legendäre Aussage »Wir schaffen das« prägte lange Zeit den Aktionismus und spornte viele freiwillige Helfer an. Leider reichte der Satz allein nicht aus, denn es fehlten handfeste Konzepte, kluge neue Ideen und Lösungsansätze sowie die Solidarität in Europa, die es gebraucht hätte, um die vielen Menschen gerecht in den Ländern Europas aufzuteilen und unterzubringen. Auch fehlte das »an die Hand nehmen« unserer Bevölkerung, damit diese keine Ängste mit Blick auf »die Fremden« entwickeln und bereit sind, solidarisch und mitfühlend Hilfe zu leisten, eine Willkommenskultur zu arrangieren und Vielfalt als Chance und nicht als Bedrohung zu verstehen.

Heute wissen wir, dass die Flüchtlingsfrage die größte Herausforderung der postmodernen Gesellschaft darstellt und auch unser Land nachhaltig beeinflussen und verändern wird. Unsere Krippen und Kitas, die Keimzellen unserer Gesellschaft, spiegeln dies eindrücklich und eindringlich wieder. In ihnen wird Vielfalt er- und gelebt, werden die kulturellen Unterschiede sicht- und spürbar, werden Werte neu ausgerichtet und nachjustiert, prallen 'zig Sprachen aufeinander.

»Aller Anfang ist schwer«, so sagt es eine alte Volksweisheit. Sie weist darauf hin, dass wir noch nicht so viel Erfahrung und Geschicklichkeit in der Ausübung einer Tätigkeit haben, sodass Fehler passieren und Handlungsabläufe noch nicht so flüssig von der Hand gehen, wie bei einem erfahrenen Menschen.

Für jede Krippe und Kita stellten sich daher gerade jetzt viele zentrale Fragen, die es zu beantworten gilt, um zukunftsfähige Lösungen für das Miteinander zu

---

[1] Henting, H. von (1993): Die Schule neu denken. München, S. 202.

entwickeln, wie z. B.: Gibt es »eine« passgenaue Erziehung, oder brauchen wir stattdessen verschiedene Leitziele in unserer Erziehung? Was brauchen die uns anvertrauten Kinder heute, um in der Zukunft ihr Leben zu meistern? Was benötigen sie an Kompetenzen, Werten und Einstellungen, um 2040 zu leben und überleben?

> Gehen Sie im Team auf eine Zeitreise. Stellen Sie sich das Jahr 2040 vor. Wie sieht es in unseren Städten aus? Auf dem Land? In den Familien, Kitas und Schulen? Was hat sich verändert? Was gibt es nicht mehr und stattdessen? Und diskutieren Sie dann im Team, welche Erfahrungen im Hier und Jetzt für Kinder wichtig und notwendig sind, um das Leben in der Zukunft zu meistern. Welche Kompetenzen brauchen sie als junge Erwachsene?

Mit Sicherheit werden Sie in Ihren Diskussionen schnell feststellen, dass es nicht die »eine« Lösung, nicht »das« Konzept gibt, um allen Herausforderungen gleichermaßen gut begegnen zu können. Aber es gibt Haltungen, die sich als günstig erwiesen haben und die sich auch schon heute bewähren. Und es gibt die eindeutige Feststellung, dass der Versuch Patentrezepte zu liefern von vornherein zum Scheitern verurteilt ist. Viel wichtiger ist daher die Offenheit und Bereitschaft Dinge in Frage zu stellen.

Was brauchen unsere Kinder?

Diese Frage treibt uns als pädagogische Fachkräfte Tag für Tag an. Meiner Auffassung nach ist diese Frage entscheidend, um die Konzepte in den Kitas nachzujustieren und um mit Eltern in Erziehungs- und Bildungsdialoge einzutauchen. Sollen wir Kinder lehren, Dinge zu erhalten und zu reparieren, um die wenigen kostbaren Ressourcen, die es auf unserem Planten noch gibt, zu schätzen und zu schützen? Sollen wir ihnen beibringen, dass Kreativität und Phantasie wertvoll und kostbar sind, da sie sie in der Zukunft brauchen, um kreative Lösungen zu finden, um »aus nichts was machen zu können«? Brauchen sie Erlebniswelten für Solidarität, Gemeinschaft und Individualität? Oder ist es besser, wenn die Kinder Gehorsam erlernen, Anpassungsfähigkeit und Pflichtbewusstsein? Und schließt das eine das andere aus?

So wie Eltern für ihr Kind nur das Beste wollen, sind auch Erzieher*innen darum bemüht, alles richtig zu machen. Allerdings weiß heute keiner so genau, was das Beste ist und ob es das Beste überhaupt gibt. All zu oft kommt es ganz anders als geplant.

Das können wir übrigens von Kindern lernen. Denn diese sind nicht zu steuern oder gar zu planen. Sie sind, wie sie sind und vor allem oft ganz anders als in unseren Vorstellungen, entwickeln sich auf ihre Art und Weise. Die Vielfalt der Kinder, deren Biografien, Lebensumstände, Familien, sozialen Umfelder sind so verschieden wie die Aufgaben, Herausforderungen und Probleme, die solch ein bunter Mix an Menschen mit sich bringt.

Dem Bild einer perfekten Erziehung entsprechen zu wollen, macht eine zukunfts- und am Kind orientierte Erziehung oft anstrengend und furchtbar kompliziert. Und vor allem, wie definieren wir perfekt? Gibt es die überhaupt, die perfekte Erziehung? Verabschieden Sie sich daher bitte vom Bild der perfekten Erziehung und vor allem vom Bild der idealen pädagogischen Fachkraft und lassen Sie sich stattdessen lieber auf die unterschiedlichen Kinder und Familien sowie deren individuelle Art ein, genauso wie auf deren Vielfalt der Kulturen, Religionen und sozialen Milieus. Denn jedes Kind ist anders – und auch jede Familie.

Wir sollten daher umdenken und in unseren Teams überlegen, was es an Einstellungen und Überzeugungen zu erhalten und was es loszulassen gilt – auch an Angeboten. Kinder und deren Familien haben ihr eigenes Tempo, ihre eigene Gangart und das Recht auf Eigensinn und prägnante Charakterzüge. Darüber hinaus lernen Kinder durch Versuch und Irrtum, brauchen Zeit für Wiederholungen, um eine Sache immer wieder tun zu können und werden so von Mal zu Mal besser und sicherer.

Kinder auf ihrem Weg zu begleiten, heißt, ihren Weg vorausschauend zu begrenzen, damit sie sich orientieren können. Damit sie vor Gefahren geschützt sind und letztendlich auch lernen, den individuellen Alleingang gut zu meistern. Es bedeutet auch, Freiräume zu schaffen, damit Kinder spüren und erleben: »Ich kann Einfluss nehmen, ich bin wichtig, ich habe Rechte, ich werde gefragt.« Solch eine Haltung tut auch Eltern gut.

Ein Kind (und deren Familie) so anzunehmen, wie es ist, heißt für jede pädagogische Fachkraft: führen und begleiten, aber nicht ständig antreiben. Es gilt die Einzigartigkeit eines Kindes (einer Familie) zu bewahren und zu unterstützen. Sie sollten daher versuchen, jedem Kind (jeder Familie) die Möglichkeit zu bieten, sich als kompetent und einmalig zu erleben. Es wäre wunderbar, wenn Kinder (und deren Eltern) in Ihrer Krippe oder Kita das Gefühl bekommen: »Ich bin wichtig, wertvoll und ein Geschenk für die Gemeinschaft.«

> Fühlen Sie sich bitte einmal in diese Aussage hinein: Ich bin wichtig und wertvoll, genüge so, wie ich bin. Wie fühlt sich das an? Was gehen Ihnen für Gedanken durch den Kopf? Was lösen diese Gedanken bei Ihnen aus? Was für ein Körpergefühl präsentiert sich Ihnen? Welches Ich-Erleben, welche Ich-Wahrnehmung erfahren Sie? Was macht das mit Ihnen? Wie erreichen Sie in Ihrer Kita, dass Kinder ähnliche Gefühle und Wahrnehmungen erleben?

Leider wird solch ein Erleben für Kinder im Alltag, der aus tausend Verpflichtungen, Terminen und Anstrengungen besteht, immer seltener. Wir wollen allen Kindern gerecht werden, alle Aufgaben verantwortungsvoll erfüllen, alles richtig machen. Leider setzen wir uns und die Kinder dadurch oft mit hohen Maßstäben unter Druck. Alles soll perfekt sein, ohne große Reibereien gelingen, jeder und alles muss funktionieren: Das Krippenkind soll in der Mittagszeit schnell und unkompliziert einschlafen, das Kita-Kind vormittags ohne Theater in die Turnhalle zur Zwischenprüfung der Auszubildenden gehen und das Vorschulkind soll gute Fortschritte in der Sprachförderung machen. Nur sieht der Alltag oft anders aus als vorgestellt. Und so erleben sich die Kinder oft auch nicht als Geschenk, sondern als Belastung, unbequem und anstrengend. Wer kennt in diesem Zusammenhang nicht Äußerungen wie: »Nun mach schon, trödel nicht so herum …«; »Du schon wieder …«; »Beeil dich, wir müssen weiter …«; »Kannst du nicht besser aufpassen …?«; »Das musste ja passieren …«; »Immer machst du Theater …«

Solche Äußerungen verstärken den Druck und führen auf lange Sicht zu Frustrationen und schlechter Stimmung. Außerdem tragen solche Äußerungen nicht dazu bei, dass sich Kinder als kompetent erleben. Wie soll sich so Selbstbewusstsein entwickeln?

Übertrieben, meinen Sie? So wird ja nicht mit Kindern gesprochen? – Leider doch! Weil der Alltag an unseren Nerven zerrt und wir eben auch nur Menschen und keine Erziehungsmaschinen sind. Wie oft herrscht Personalmangel, kommen neue Gesetzesänderungen hinzu, die wieder neue Verpflichtungen mit sich bringen und zu mehr Bürokratie oder Belastung in der Einrichtung führen. Wie oft wollen Eltern andere Dinge durchsetzen als das Erzieher*innenteam – sind sich Erzieher*innen im Team nicht »grün«? Arbeiten nicht mit-, sondern gegeneinander? Und mittendrin die Kinder. Mit ihren Bedürfnissen und Wünschen, die dann mit denen der pädagogischen Fachkräfte oder dem Tagesablauf kollidieren. Gut wäre, wenn Erziehende bei all den Herausforderungen immer noch bereit wären, auf ihre Äußerungen und Verhaltensweisen zu achten und diese zu reflektieren.

> Wie gehen Sie mit Kritik um? Wie verhalten Sie sich, wenn Sie z. B. jemand auf eine unangemessene Umgangssprache aufmerksam machen würde? Stellen Sie sich bitte eine konkrete Situation vor, in der Ihnen jemand ein kritisches Feedback gegeben hat, und reflektieren Sie, wie Sie darauf reagiert haben.

4.1 Äußere Einflüsse

Trotz gutem Willen wird der ohnehin schon anstrengende Erziehungsalltag leider auch noch zusätzlich durch andere Komponenten ungünstig beeinflusst. Die vielen gesellschaftlichen Veränderungen und Ansprüche, denen Erzieher*innen in Kindertagesstätten zunehmend ausgesetzt sind, setzen sie unter Druck. Abfällige Bemerkungen, hohe Erwartungen oder wenig Respekt vor der erzieherischen Herausforderung fördern nicht gerade ein Wohlfühlen im Berufsumfeld. Hinzu kommen die fehlenden allgemeingültigen Erziehungsziele und kulturellen Herausforderungen. Zudem ist bei etlichen Eltern ein Wirrwarr in der Erziehung spürbar. Viele Eltern sind verunsichert oder verlassen sich auf die Kita, auf das sie es schon richten wird. Immer mehr Verantwortung wird in Richtung Kita ver- und geschoben. Dabei hat jede Familienform, egal ob traditionelle Elternfamilie oder vaterlose, mutterlose, gleichgeschlechtliche oder neu zusammengesetzte Familie ihre Stärken und Schwächen. Schön wäre es, wenn alle den gleichen Grundsätzen folgen würden und durch Vertrauen, Liebe und gegenseitige Wertschätzung die Basis für ein gutes Miteinander legen könnten. Dann ließe sich so manche Belastung durch Offenheit und Verständnis für die Bedürfnisse des anderen verringern. Aber dem ist leider im Alltag nicht so.

Von daher brauchen Sie Konsens und Zusammenhalt innerhalb Ihres Teams in Ihrer Einrichtung. Unterstützen Sie sich gegenseitig und halten Sie zusammen. Reden Sie mit und nicht übereinander, suchen Sie nach Stärken und nicht nur nach Schwächen. Bündeln Sie die vielen Fähigkeiten, Kompetenzen und Ressourcen in Ihrem Team (und auch in der Elternschaft), nehmen Sie sich gegenseitig an, so wie Sie sind, dann gelingt der Erzieher*innen-Alltag leichter und wird einfacher.

4.2 Erzieher*in-Kind-Beziehung

Für Ihre Beziehung zum Kind ist es wichtig, die Einmaligkeit des Kindes anzuerkennen. Den Kindern das Gefühl der uneingeschränkten Akzeptanz zu geben, heißt: »Ich knüpfe an meine ›Liebe‹ zu dir keine Bedingungen. Ich mag dich so, wie du bist.« Das heißt nicht: »Du kannst tun und lassen, was du willst.« Das ist ein hoher Anspruch und nicht immer leistbar, da es ganz natürliche Sympathie- und Antipathie-Empfindungen gibt. Es ist allerdings wichtig, sich derer bewusst zu machen und dem Kind Alterativen in Form einer anderen pädagogischen Fachkraft anzubieten. Die Qualität dieser Grundeinstellung und letztendlich Beziehungsstruktur entscheidet, welche Anregungen und Entwicklungsmöglichkeiten ein Kind für die eigene Persönlichkeitsentwicklung in Ihrer Gruppe erhält.

> Bitte gehen Sie in Gedanken, die Ihnen anvertrauten Kinder Ihrer Gruppe durch. Knüpfen Sie wirklich an das Wohlwollen, die Liebe, die Zuneigung, die Sie den Kindern schenken, keine Bedingungen? Darf wirklich erst einmal jede*r so sein, wie er*sie ist? Oder spüren Sie auch Antipathie oder gar Abneigung gegen ein Kind? Wenn ja, was tun Sie, um dem Kind trotzdem eine gute Entwicklung zu ermöglichen? Überprüfen Sie bitte Ihre Wahrnehmung und Überzeugung zu jedem Kind Ihrer Gruppe.

Eine verlässliche Erzieher*in-Kind-Beziehung könnte beispielsweise auf folgender Aussage basieren: »Auf mich kannst du dich verlassen, ich bin da, wenn du mich brauchst, ich stehe dir zur Seite und begleite dich auf deinem Weg.« Je verlässlicher diese Beziehung ist, desto besser können sich Kinder auch auf andere soziale Bindungen in der Gruppe/der Kita und darüber hinaus einlassen und diese aufbauen. Ein Kind muss Bindung spüren, von klein auf. Zuerst bei den Eltern im Nest der Familie, später dann in der Krippe oder in der Kita, bei der Tagesmutter oder den Großeltern. Kinder müssen wissen, wo sie hingehören, wo ihre Wurzeln verankert sind. Ein wichtiger Faktor in diesem Zusammenhang ist der Umgang mit Freiheit bzw. Mitbestimmung. Ein Kind kann im Leben Freiheit nur gut aushalten, wenn es um seine Bindungen weiß und sich sicher fühlt.

Was Kinder brauchen und pädagogische Fachkräfte ihnen geben sollten:

- Erzieher*innen sollten eine Beziehung zum Kind aufbauen und so Vertrauen schaffen sowie für Sicherheit, Zuwendung, Anerkennung und Entfaltungsmöglichkeiten sorgen.
- Erzieher*innen sollten versuchen, die Einzigartigkeit jedes Kindes zu respektieren, um damit verbunden das Temperament, die unterschiedlichen Begabungen und Fähigkeiten sowie die individuellen Charaktereigenschaften zu berücksichtigen.
- Erzieher*innen sollten Wegweiser sein und aufzeigen, was wirklich erlaubt und ernsthaft verboten ist, damit Kinder sich orientieren können und Sicherheit erleben.
- Erzieher*innen sollten Kindern viele Entfaltungsmöglichkeiten bieten, damit sich eigenes Verhalten entwickeln kann und Fertigkeiten erprobt werden können, auch wenn dabei Fehler gemacht werden. Nur auf der Basis von *Learning by doing* können durch Versuch und Irrtum eigene Erfahrungen gesammelt werden, die dem Kind zu eigenen Handlungsplanungen verhelfen.
- Erzieher*innen sollten das Zusammensein in der Kita-Gruppe mit den Kindern auf Ehrlichkeit, Wohlwollen und Vertrauen aufbauen. Nur Kinder, die

volles Vertrauen genießen und spüren, dass sie als Person geachtet werden, können Selbstvertrauen entwickeln.
- Erzieher*innen sollten das soziale Umfeld des Kindes so gestalten, dass es Schritt für Schritt selbst aktiv werden kann und lernt, für das eigene Verhalten Verantwortung zu übernehmen. Wer den Kindern immer alles abnimmt oder ihnen nichts zutraut, hemmt ihren Entwicklungsprozess.
- Erzieher*innen sollten konsequent sein und das Verhalten der Kinder begrenzen. Dabei sollten sie aber die Achtung vor dem Kind von dem aktuellen Verhalten trennen. Nur wenn das Kind spürt, dass es grundsätzlich wertgeschätzt und gemocht wird, kann es auch nachvollziehen, dass die Erzieher*innen bestimmte Verhaltensweisen nicht akzeptieren.
- Erzieher*innen sollten bereit sein, abzuwarten und Kinder immer nur dann zu unterstützen, wenn sie danach verlangen. Wenn Kinder das Gefühl bekommen, mir wird nichts zugetraut, ich kann das eh nicht, werden sie entmutigt. Letztendlich halten solche Erzieher*innen ihre Kinder klein und aus dieser Abhängigkeit bzw. Überbehütung heraus kann kein eigenes Selbstbewusstsein und Selbstvertrauen wachsen.

4.3 Unterschiedliche Erziehungsfelder

Wie gut Sie sich auch um die Beziehungen, Grenzen, das Vertrauen und das gegenseitige Miteinander in Ihrer Gruppe bemühen, alles ist immer auch von der Familie des Kindes, vom sozialen Umfeld und den unterschiedlichen Einflussfaktoren der Gesellschaft geprägt. Unterschiedliche Erziehungsfelder prägen die Kinder und deren Eltern, wie z. B. die finanzielle Situation, die Wohnungs- oder Hausgröße, der eigene Garten oder der fremdbestimmte Innenhof, Großeltern in der Nähe oder weit entfernt, Fluchterfahrungen, Mehrsprachigkeit, kulturelle Hintergründe oder die Religionszugehörigkeit. Auch Freunde und Nachbarn sowie Spielkamerad*innen nehmen Einfluss auf die Entwicklung und Erziehung der Kinder – wie auch der Stadtteil oder das soziale Umfeld. Mit Blick auf eine zukunftsorientierte Erziehung und ein gelingendes Miteinander sollten Sie diese verschiedenen Einflussfaktoren immer wieder in den Blick nehmen und sich bewusst vor Augen führen, um die eigene Position im Kanon der Erziehungsfelder definieren zu können.

Obwohl Kinder unterschiedliche Erziehungsfelder lieben, ist es sehr hilfreich, wenn sich z. B. alle Beteiligten auf ein Mindestmaß von allgemeingültigen Umgangsregeln und Erziehungszielen sowie auf gleichbleibende Rituale einigen würden. Dieses Mindestmaß an Übereinkünften, die sowohl für den einen als auch anderen Bereich gelten, wären bei der gemeinsamen Erziehung

der Kinder nicht nur kräfteschonend, sondern auch entlastend, da Haltungen oder Grundeinstellungen dann von einem Erziehungsfeld ins andere übertragen werden können:
- Wir sagen »bitte«, wenn wir etwas möchten und »danke«, wenn wir es bekommen haben.
- Wir gehen wertschätzend mit dem Eigentum anderer um.
- Wir lassen uns aussprechen und hören einander zu.
- Wir streiten, aber wir schlagen uns nicht.
- Wir nehmen aufeinander Rücksicht usw.

Wie viel einfacher wäre es für uns als Frühpädagog*innen, aber auch für die Eltern, würden alle in die gleiche Richtung rudern und jene eben beschriebenen Grundeinstellungen verfolgen. Doch leider ist dem nicht so. Von daher ist auch hier ein Umdenken von Nöten. Bemühen Sie sich daher um eine gute Erziehungspartnerschaft: Stecken Sie mit den Eltern Ziele ab, handeln Sie Verhaltensregeln aus und beteiligen Sie Eltern, im Rahmen Ihrer Möglichkeiten und Ihrer Bereitschaft, an Ihrem pädagogischen Konzept und den Entwicklungszielen für die jeweiligen Kinder. Sie werden sich wundern, wie viel einfacher es wird und wie die gegenseitige Wertschätzung wächst. Gemeinsam rudert es sich leichter und alle kommen schneller ans Ziel.

> Erstellen Sie eine Liste mit Absprachen und Verhaltensregeln, die Sie mit den Eltern Ihrer Gruppe gern erarbeiten und absprechen würden. Prüfen Sie, welche sich davon realisieren lassen und was es dazu braucht. Was kann hilfreich sein, was unterstützend?

Neben den unterschiedlichen Erziehungsfeldern, die auf die Erziehung der Kinder Einfluss nehmen, werden im Laufe der Entwicklung die Kontakte zu Gleichaltrigen immer wichtiger. Die Nähe und Zuneigung unter Freund*innen ist etwas anderes als die Nähe und Zuneigung zu Eltern und Erzieher*innen. Kinder gestalten den Aufbau der Freundschaft auf ihre individuelle Art.

Freund*innen kann man in der Kita wählen. Aber auch Freund*innen wählen Freunde. Daher nimmt für die Kinder die Pflege der Freundschaften im Laufe der eigenen Bewusstwerdung immer mehr Raum ein und hat somit einen immer höheren Stellenwert. Wir als Erzieher*in sollten daher dafür Sorge tragen, dass Kinder Konzepte von Solidarität, Selbstwirksamkeit und Gemeinwesen entwickeln.

Kinder brauchen mit zunehmendem Entwicklungsalter mehr Raum und Zeit für eigene Erfahrungen. Das gilt auch für unangenehme oder gar negative.

Damit ist gemeint, dass wir Kindern nicht alles Unangenehme abnehmen können und dürfen. Es ist für Kinder ein wichtiger Lernprozess, wenn wir ihnen aufzeigen, dass ihre Taten Folgen haben, dass sie Fehler machen dürfen, aber auch die Verantwortung dafür übernehmen müssen. Wir sollten sie bei Ihrem Streben nach Autonomie unterstützen und bestärken, indem wir ihnen etwas zutrauen, aber ihnen ihre Verantwortung nicht abnehmen. Verantwortung für sich und andere zu übernehmen ist eine Kompetenz, die wir jetzt und auch in der Zukunft dringend brauchen.

Interessierte Distanz bereichert vor diesem Kontext den Erziehungsprozess: Wir zeigen an den Dingen, die Kinder tun, Interesse, hören ihnen zu, finden Antworten auf ihre Fragen, so gut es geht, unternehmen etwas mit ihnen, erklären Dinge, nehmen uns Zeit, aber wir drängen uns nicht auf.

Kinder sollten wissen: »Ich stehe nicht allein da, darf es aber zuerst versuchen.« Sie müssen spüren, da ist jemand, auf den ich mich verlassen kann, bei dem ich Schutz und Hilfe finde, der mir aber zutraut, dass ich es schon allein schaffe. Zur Seite stehen heißt, Kinder mit Ermutigung, echtem Lob und wertschätzender Anerkennung stärken, sie motivieren, anspornen und gegebenenfalls unterstützen. Nur so kann sich ihr Vertrauen in die eigenen Fähigkeiten entwickeln.

Ermutigen Sie die Ihnen anvertrauten Kinder im Alltag. Verschenken Sie Lob und Anerkennung, aber beides bitte gut dosiert. Nur dadurch bleibt es kostbar und wird geschätzt. Achten Sie auch auf den Entwicklungsstand, denn ein*e Zweijährige*r muss anders bzw. für andere Leistungen gelobt werden als ein*e Fünfjährige*r oder gar ein*e Neunjährige*r. Und letztendlich ist die Ermutigung noch wichtiger als das Lob, da sie den Glauben des Kindes an sich selbst verbessert.

Ermutigende Worte sind z. B.:
- Ich habe gesehen, wie du den Tisch gedeckt hast. Das hast du wirklich gut hinbekommen.
- Du machst gute Fortschritte.
- Ich sehe, wie du dich anstrengst.
- Es hat mir Spaß gemacht, mit dir zu spielen.
- Du warst mir eine gute Hilfe.
- Die Matheaufgabe war wirklich schwierig. Aber du hast nicht aufgegeben.
- Ich kann sehen, wie du dich freust. Da kannst du wirklich stolz drauf sein.
- Ich finde, du bist wirklich geschickt.
- Ich mag dein Lachen. Du bist immer so fröhlich. Das gefällt mir.
- Ich hab dich lieb. Du bist für mich wie ein warmer Sonnenstrahl.
- Du hast dich sehr bemüht und dein Bestes gegeben.

Solche oder ähnliche Worte helfen Kindern, sich selbst positiv zu erleben und die gemachten Erfahrungen auf spätere Situationen zu übertragen. Sie als

Erzieher*in zeigen dem Kind durch solche Äußerungen, dass Sie es schätzen, es in seiner Einmaligkeit sehen und daran glauben, was in ihm steckt, dass es leistungsfähig und wunderbar ist. So helfen Sie ihm, ein positives Selbstwertgefühl zu entwickeln. Ihre Ermutigung ist für das Kind wie ein Geschenk. Es kann daraus eine Einstellung zu sich selbst gewinnen, die ihm beispielsweise sagt:

- Ich bin ein Mensch, dem man etwas zutraut.
- Ich bin ein Mensch, der seinen Aufgaben gewachsen ist.
- Ich kann etwas schaffen.
- Ich kann mich ändern/an mir arbeiten.
- Ich bin okay. Ich mag mich.

Jedes Kind, das solche Einstellungen zu sich selbst gewinnt, kann sich auch auf die vielen Herausforderungen, die das Leben noch bereithält, einlassen.

Zum Thema gibt es eine Geschichte bzw. ein Buch, dessen Lektüre ich Ihnen gerne ans Herz legen möchte. *Wenn die Welt ein Dorf wäre* von David J. Smith und Shelagh Armstrong (2012). Eine Geschichte, die mich sehr berührt und zugleich inspiriert hat. Sie macht für mich sehr deutlich, wie wichtig ein Umdenken ist und uns als pädagogisch Verantwortliche neu und anders herausfordert. Eine ähnliche Geschichte finden Sie in einem Artikel von Arno Widmann (2012): *Ein 100 Seelen zählendes Dorf*. Verfügbar unter: http://www.fr.de/panorama/gedankenspiel-ueber-den-weltzustand-ein-100-seelen-zaehlendes-dorf-a-884012, abgerufen am 02.03.2018.

Zum Weiterlesen

Becker-Stoll, F./Nagel, B. (Hg.) (2009): Bildung und Erziehung in Deutschland. Berlin
Bostelmann, A./Boll, B. (2010): Kindergarten statt Kummergarten. Frankfurt a. M.
Erath, P./Sandner, E. (2007): Unternehmen Kita. Wie Teams unter veränderten Rahmenbedingungen erfolgreich handeln. München
Gerwig, K. (2010): Erzieherin: Beruf oder Berufung. Filmdokumentation. AV1 Pädagogik Filme. Kaufungen
Kühn, T./Petcoy, R. (2008): Step – Das Buch für Erzieherinnen. Berlin
Liebertz, C. (2004): Das Schatzbuch der Herzensbildung. München
Lutz, E./Netscher, M. (2001): Kindergärten der Zukunft. Erfahrungsberichte aus ökologischen Modellprojekten. Freiburg
Ott, B./Käsgen, R./Ott-Hackmann, H./Hinrichsen, S. (2007): Die systemische Kita. Das Konzept und seine Umsetzung. Weimar
Wehrmann, I. (2008): Deutschlands Zukunft. Bildung von Anfang an. Kiliansroda

JEDES KIND HAT DAS RECHT AUF EINE STÄRKENORIENTIERTE BEOBACHTUNG UND DOKUMENTATION

5 Jedes Kind hat das Recht auf eine stärkenorientierte Beobachtung und Dokumentation

Eine individualisierte Beobachtung ist der Nährboden, um Bildungsprozesse sensitiv zu begleiten oder zu initiieren.
Ursula Günster-Schöning

Jeden Tag findet in der Kita neben Betreuung vor allem Bildung und Entwicklung statt. Das geschieht durch eigenes Handeln der Kinder, aber auch durch direkte und indirekte Impulse von Erzieher*innen sowie durch Raum- und Materialgestaltung, die Bildungsprozesse bei den Kindern anregen und Neugierde wecken. Die regelmäßige Entwicklungsdokumentation auf Grundlage der »achtsamen, wahrnehmenden, forschenden Beobachtung« ist ein wichtiger Bestandteil der qualitativen Bildungsarbeit und deren Sicherung. Erzieher*innen können daran den Entwicklungsstand des Kindes ablesen sowie erkennen und erfahren, welche (Lern-)Interessen oder Bedürfnisse es hat. Darauf aufbauend können sie dann zielgerichtete Angebote und Impulse entwickeln, das Spiel durch anregende Materialien ergänzen oder bereichern und jedem Kind individuelle Lernerfahrungen ermöglichen. Gleichsam erhalten die Erziehungsberechtigten durch die Bildungsdokumentation einen fundierten und vor allem individuellen Einblick in die Entwicklung ihrer Kinder. Vor diesem Hintergrund nehmen inzwischen aufgrund neuester wissenschaftlicher Studien und der Auseinandersetzung mit einer stärken- und kindorientierten Haltung immer mehr Erzieher*innen Abstand davon, Kinder anhand von Tabellen oder Rastern einzuschätzen oder gar zu beurteilen. Die lange Zeit vorherrschende Methode, Kinder miteinander zu vergleichen oder im Ankreuzverfahren mit vorgefertigten, anonymen Tabellen einzuschätzen, ist im Rahmen der modernen zukunftsorientierten und kindzentrierten Elementarpädagogik überholt und auch fernab vom »neuen Bild vom Kind«!

Dennoch findet man diese oder ähnliche Methoden weiterhin in vielen Einrichtungen, da es im Alltag häufig schwer ist, einen individuellen Blick auf jedes Kind zu entwickeln und zu behalten. Häufig konzentriert sich die Aufmerksamkeit der Erzieher*innen auf auffällig lautes oder körperbetontes Verhalten einzelner Kinder. Schnell werden scheinbare »Verhaltensauffälligkeiten« oder »Entwicklungsverzögerungen« zur Brille, durch die die Erzieher*innen die Kinder betrachten oder gar miteinander vergleichen (vgl. Mienert/Vorholz 2007, S. 104).

Viele Erzieher*innen sind schon lange auf der Suche nach neuen, adäquaten und vor allem stärkenorientierten Dokumentationsformen und lassen sich von folgenden pädagogischen Leitfragen lenken:

> Wie müssen wir beobachten und unsere Beobachtungen dokumentieren, um Bildungsprozesse zu gestalten, damit das individuelle Potenzial der Kinder sich entfalten kann?
> Wie kann die Bereitschaft zum gemeinsamen und individuellen Lernen gefördert werden?
> Was können Sie tun, damit Kinder ihre Talente, Ressourcen und Stärken – bei sich selbst und bei anderen – entdecken?

5.1 Jedes Kind hat Talente

Hirnforscher wie Manfred Spitzer oder Gerhald Hüther sowie Entwicklungspsychologen wie Hartmut Kasten beschäftigen sich schon lange mit der Frage, ob die Persönlichkeit eines Kindes eher genetisch programmiert, also vorbestimmt, oder durch seine Umwelt und Sozialisierung ausgeprägt wird. Es hat sich gezeigt, dass fast immer beides der Fall ist. In welchem Ausmaß und mit welchem Einfluss jedoch Anlage und Umwelt ein Kind prägen, wird jedoch nach wie vor sehr kontrovers diskutiert. In bestimmten Bereichen und Entwicklungsphasen sind vorrangig die Gene ausschlaggebend, während wir in anderen Phasen eher von der Umwelt, dem Sozialraum, der Peer-Group, dem Umfeld stärker beeinflusst werden. Mit Blick auf die Intelligenz eines Kindes gehen Expert*innen, wie Aljoscha C. Neubauer, Professor für Differentielle Psychologie, Universität Graz, allerdings davon aus, dass diese eher genetisch festgelegt und bis zu 80 % des IQ erblich bedingt ist. Viele von Ihnen denken an dieser Stelle vielleicht »Oh, wie wenig Einfluss haben wir dann durch unsere Arbeit auf die Gesamtintelligenzentwicklung des Kindes« – wenn nur 20 % beeinflussbar sind. Ja, das mag auf den ersten Blick wenig erscheinen, bedeutet aber im Umkehrschluss, dass sich ein Kind mit einem IQ-Wert von »nur« 90 (der durchschnittliche IQ liegt zwischen 85 und 114) mithilfe der richtigen und stärkenorientierten Förderung auf einen IQ-Wert von fast 110 entwickeln könnte. Dies macht dann für die weitere Entwicklung und mit Blick auf seinen Alltag einen enormen Unterschied und kann doch für jede*n Erzieher*in, mit Blick auf die tägliche pädagogische Arbeit, Anspruch, Chance und Herausforderung zugleich sein (vgl. Groth 2016, S. 10).

Auch mit Blick auf die Persönlichkeitsmerkmale der Kinder gehen Hirnforscher davon aus, dass die Grundausprägung genetisch vorgegeben ist und mit zunehmendem Alter nur noch in Nuancen, also innerhalb enger Grenzen, verändert werden kann. Dies scheint im Widerspruch der Theorie des lebenslangen Lernens zu stehen, die davon ausgeht, dass wir uns lebenslang weiterentwickeln und dazulernen. Und auch ganz subjektiv betrachtet, haben wir den Eindruck, dass wir uns im Laufe unseres Lebens immer weiterentwickeln und durch Erfahrungen, einschneidende positive wie negative Ereignisse, Übergänge und Wissenszuwachs teilweise sogar deutlich verändern. Diese subjektive Wahrnehmung ist wichtig und auch richtig, mit Blick auf die Persönlichkeit und dessen Grundstruktur gilt jedoch etwas anderes. Tatsächlich ist diese schon in recht jungen Jahren angelegt und bleibt meistens ein Leben lang relativ stabil. Hierzu ein konkretes Beispiel:

Viele Psychologen unterscheiden zwischen extra- und introvertierten Persönlichkeitstypen

Beide Begriffe sind Konstruktionen aus dem lat. *vertere* = kehren, wenden, drehen zusammen mit den lat. Vorsilben *intro* = hinein, nach innen, innerlich bzw. *extra* = außen, außerhalb. Extravertierte Menschen sind eher nach außen gewandte, offene Menschen, die ihre Energie aus dem Kontakt mit anderen beziehen. Sie sind gern mit anderen zusammen, sind aktiv, gesprächig, gesellig, lebenslustig und enthusiastisch. Introvertierte Menschen sind eher nach innen gekehrt, überlegt, ernst und zurückhaltend, ruhig und ausdauernd und beziehen ihre Energie aus dem Alleinsein. Ihre Wahrnehmung ist stärker auf die Innenwelt gerichtet im Gegensatz zum extravertierten Menschen, der diese stärken im Außen hat. Ob ein Mensch nun eher extra- oder introvertiert ist, zeigt sich schon sehr deutlich im Kindesalter (vgl. Weber/Rammsayer (Hg.) 2005).

> Denken Sie jetzt bitte an die Kinder in Ihrer Gruppe. Welches Kind spielt gern allein? Welches Kind kann sich gut allein beschäftigen? Wer findet es schön, nur mit einem Kind oder mit Ihnen als Erzieher*in zusammen zu sein? Welches Kind zieht sich gern zurück, beobachtet die anderen oder beschäftigt sich allein, auch über eine längere Zeit, mit einer Sache? Und wer ist gern mit anderen zusammen? Wer sucht ständig den Kontakt zu anderen? Welches Kind fühlt sich in der Großgruppe wohl, führt diese vielleicht sogar lautstark an? Wer bildet eine Clique, scharrt also Gleichgesinnte um sich herum, ist gar der »Anführer«? Fallen Ihnen Kinder ein, zu denen diese Persönlichkeitsmerkmale passen?

Diese spezifischen Persönlichkeitsausprägungen bleiben in der Regel ein Leben lang erhalten. Zwar kann ein eher introvertierter Mensch auch einmal extrovertiert auftreten, z. B. bei einer Party oder Familienfeier, in einem Workshop oder bei einem Teammeeting, auf Dauer entspricht dies jedoch nicht seiner

Persönlichkeitsstruktur, sodass es ihn zu sehr anstrengt und er es wieder einstellt. Daher suchen sich Menschen auch Berufe, Freundeskreise und Umfelder, die ihrer Persönlichkeitsstruktur entsprechen. Und natürlich werden wir auch im Laufe unseres Lebens reifer und reflektierter, sodass wir uns auf Situationen einstellen können, um diese zu meistern. Unsere Persönlichkeitsstruktur bleibt jedoch stabil.

5.2 Die Persönlichkeitsstruktur bleibt stabil

Mit den besonderen Begabungen und Talenten eines Kindes verhält es sich ebenso: Sie zeigen sich relativ früh als besondere Interessen und Neigungen eines Kindes.

> Denken Sie auch jetzt bitte wieder an die Kinder Ihrer Gruppe. Welche Kinder fallen Ihnen spontan ein? Oder anders, fällt Ihnen zu jedem Kind Ihrer Gruppe dessen besonderes Interesse an einer Sache – eine Neigung/ eine Stärke/eine Begabung/ein Talent ein?

Talente sind angelegte Verhaltensdispositionen, die allerdings durch Erziehung und Umwelt/Umfeld mehr oder weniger ausgeprägt und gefördert werden. Durch Wiederholungen bevorzugter Denk-, Wahrnehmungs- und Verhaltensmuster werden immer mehr neuronale Verbindungen aufgebaut, gefestigt und vernetzt, sodass die Begabungen immer mehr ausgeformt und weiter verstärkt werden können, »nutzungs- oder erfahrungsabhängige Neuroplastizität« (vgl. Groth 2016, S. 28). Wichtig dafür, ich muss als Erzieher*in die Talente und Begabungen der Kinder beobachten, also erkennen, um sie entsprechend fördern zu können. Denn jedes Kind hat Talente.

Sicherlich ist nicht jedes Kind hochbegabt oder fällt durch extreme Begabungen eines Einsteins oder Mozarts auf, aber jedes Kind hat besondere Stärken, Vorblieben, Interessen und auch Talente. Die Kunst für uns als pädagogische Fachkraft besteht allerdings darin, die positiven Denk-, Wahrnehmungs- und Verhaltensmuster der Kinder zu beobachten, zu erkennen und zu benennen, damit wir für sie ein Kompetenz-, Stärken- oder Talentprofil erstellen können und wissen, wie wir ihre Stärken stärken.

Jedes Kind hat ein Recht auf eine Kompetenzkarte in jedem Bildungsbereich – sein Kompetenzprofil![1]

> Kennen Sie Ihre Talente?
> Um Ihren Talenten auf die Spur zu kommen, können Sie sich diese vier Fragen stellen:
> 1. Was fällt mir leicht? (Eine zentrale Frage, um die eigenen Stärken aufzudecken)
> 2. Wo erziele ich regelmäßig sehr gute Erfolge/Ergebnisse, *ohne* dass ich mich dafür besonders anstrengen muss?
> 3. Welche Denk-, Wahrnehmungs- und Verhaltensmuster nehme ich bei mir selbst wahr, die sich produktiv nutzen lassen?
> 4. Welche Aufgaben oder Arbeiten laden mich energetisch auf?
>
> Die gleichen Fragen können Sie sich auch mit Blick auf ein Kind stellen, das Sie beobachten, um dessen Talente zu entdecken.

Um Talente und Begabungen bei Kindern wahrnehmen und bestimmen zu können, ist eine intensive Beobachtung notwendig, die von einer forschenden und stärkenorientierten Haltung geprägt ist.

5.3 Beobachtung – auf die Haltung kommt es an

Viele Erzieher*innen sind durch die eigene Erziehung und Biografie stark defizitorientiert aufgewachsen und geprägt worden. Sie haben sogar einen Defizitblick entwickelt und teilweise auch verinnerlicht. Er ist Teil eines, wenn auch veralteten, so doch verbreiteten beruflichen Selbstverständnisses, das Erziehung als eine Art »Training für Defizitaufarbeitung« versteht. Umso mehr freut es mich, dass viele nun diese Rolle verlassen und eine neue, zeitgemäßere Rolle, die der *Lernbegleitung*, einnehmen wollen. Das Kinder durch den Defizitblick und ständige Korrekturen von außen in ihrem Lernen eher unterbrochen und behindert werden, ist eine Erkenntnis, die erst langsam zu greifen beginnt (vgl. Mienert/Vorholz 2007, S. 108).

Wollen wir die uns anvertrauten Kinder in ihrer Entwicklung angemessen und individuell unterstützen und ihre Talente und Stärken erkennen, sollten

---

1   Ursula Günster-Schöning.

wir lernen, einen Schritt zurückzutreten, um uns auf das Entwicklungstempo eines jeden Kindes einzulassen. Dies beinhaltet auch, dass sich Teams über Begrifflichkeiten wie Talente, Stärken und Begabungen austauschen und deren Bedeutung mit Inhalt füllen. Auch die Auseinandersetzung mit der eigenen Bildungsbiografie, den eigenen Stärken und Talenten, den eigenen Kompetenzen auf hohem und niedrigen Niveau. Diese gilt es zu reflektieren, um die tägliche Beobachtung an den Potenzialen der Kinder ausrichten zu können. Ein Blick auf die Defizite würde uns nur im Mangel verharren lassen.

Es bedarf einem Perspektivwechsel und einer stärkenorientierten Haltung

Dies bedeutet, dass wir jedes Kind entsprechend seinem individuellen Lern- und Entwicklungstempo, bezogen auf seine individuellen Begabungen und Talente, seine individuellen Interessen und Bedürfnisse hin beobachten und in der Folge unterstützende oder bereichernde Angebote planen und die eigene Arbeit/die Auswahl der Materialien oder die Raumstruktur entsprechend nachjustieren.

Zudem sollten Sie sich als Erzieher*in selbstreflektierend fragen, ob sie eine stärkenorientierte sowie forschende Haltung einnehmen, wenn Sie die Kinder im Alltag beobachten. Diese benötigen Sie, um Antworten auf folgende Fragen zu finden:

- Was kann das Kind schon?
- Was macht dieses Kind einzigartig?
- Mit welchen Entwicklungsaufgaben ist es gerade beschäftigt?
- Wo liegen seine Interessen und Neigungen?
- Welche Potenziale und Talente sind erkennbar?
- Womit hat das Kind noch Schwierigkeiten?
- Welcher Schritt steht als nächster an?
- Wie oder womit können wir das Kind in seiner Entwicklung unterstützen und stärken?

Erst wenn diese Fragen präzise genug beantwortet sind, besteht die Chance, herauszufinden, wie man dem Kind dabei behilflich sein kann, sich selbst und die Welt zu entdecken und zu verstehen. Gerade auch mit Blick auf den nächsten biografischen Schritt der Kinder, die Einschulung, sind die eben benannten Fragen unabdingbar.

Obwohl jedes Bundesland einen Bildungs- oder Orientierungsplan vorhält, der ein Curriculum vorgibt und beschreibt, welche Kompetenzen ein Kind in der Kita erwerben sollte, sind die Pläne keine »Fahr- oder Baupläne« nach dem Motto: Montags lernen wir Sprache, dienstags gehen wir turnen und mittwochs bearbeiten wir ein Arbeitsblatt. Kinder entwickeln sich individuell und parallel, nehmen ihr ureigenes Tempo auf und erreichen ihre Ziele allumfassend und vor allem ganzheitlich. Kein Bildungsprogramm kann das leisten und keine noch so engagierte Erziehungsfachkraft das erreichen, wenn sie es nicht schafft, sich auf den inneren »Entwicklungsplan« der Kinder einzulassen. Diesen inneren Plan gilt es zu entschlüsseln und durch einen anregenden äußeren Plan oder Rahmen zu ergänzen, der entsprechende Lern-Anlässe und Bildungserfahrungen ermöglicht.

Das Kind ist sein eigener »Baumeister«

Der*Die erste »Pädagog*in« ist das Kind somit selbst. Es kennt seine Stärken und Schwächen, seine Interessen und Wünsche und »formuliert« sich die nächste Herausforderung als eigenes Entwicklungsziel selbst. Wenn beim Kind die Zeit reif ist, beginnt es, sich mit einem Thema auseinanderzusetzen. Schon die Kleinsten in der Krippe zeigen dabei viel Ausdauer, wenn sie nicht unterbrochen und gestört werden. Spielen ist Lernen und Lernen ist Spielen. Bei Kindern lassen sich beide Prozesse nicht voneinander unterscheiden (vgl. Mienert/Vorholz 2007, S. 92).

Wer nicht weiß, worauf er achten soll, hat es schwer, individuelle Potenziale und erwachende Talente zu entdecken.[2]

Beobachtung passiert im Alltag – immer und überall, unabhängig von der Situation, der persönlichen Stimmung oder räumlichen Gegebenheit – und zumeist unbewusst. Für die frühkindliche Erziehung und Bildung ist die professionelle Entwicklungsbeobachtung jedoch zentral. Der Alltag ist geprägt durch Anschauen, Nachprüfen, Achtgeben und Aufpassen. Kinder sollen und wollen gesehen werden, sie haben ein Recht darauf, beobachtet zu werden (vgl. Kuhnel 2004, S. 68).
Um die uns anvertrauten Kinder individuell stärken und fördern zu können, entsprechende Entwicklungsangebote zu planen und zu gestalten, müssen wir lernen, das kindliche Verhalten und dessen Entwicklungsverläufe genauer zu beobachten und zu beschreiben. Eine systemische und vor allem prozessorientierte Beobachtung, Begleitung und Dokumentation macht den Lern- und Entwicklungsstand nachvollziehbar, abbildbar und transparent. Auch besondere Fördermaßnahmen bei Entwicklungsgefährdungen können auf dieser Basis begründet und eingerichtet werden (vgl. Koglin/Hallmann/Petermann 2011, S. 10).
Viele Erziehungsberechtigte vertrauen auf den naturgegebenen Entwicklungsverlauf ihrer Kinder, suchen aber parallel auch die begleitende Unterstüt-

---

2   Ursula Günster-Schöning.

zung durch die Erzieher*innen. Sie wünschen sich ein hohes Maß an individueller Begleitung und Förderung für ihr Kind, können es aber häufig kaum aushalten, wenn die Entwicklung nicht geradlinig und ohne Probleme verläuft.

> Welche Fragen treiben Sie an und um? Wann und wo sind Sie sich unsicher, wenn Sie mit Eltern in Kontakt kommen, um über die Entwicklung des Kindes zu sprechen? Was wäre für Sie und das Gespräch hilfreich? Welche Unterstützungssysteme könnten sinnvoll sein?

Diese Diskrepanz verlangt dem Fachpersonal ein immenses Pensum an Professionalität, Empathiefähigkeit, gutem Fachwissen, rhetorischen Fähigkeiten und Einfühlungsvermögen ab. Denn jede Kompetenz des Kindes auf hohem oder niedrigem Niveau ist eingebettet in eine ganz konkrete Lerngeschichte. Diese gilt es zu entschlüsseln, zu übersetzen und aufzuzeigen. Das ist anspruchsvoll und kräftezehrend und bedarf selbstreflektierender pädagogischer Fachkräfte.

Oft sind Entwicklungsschritte, die man in einem Bereich beobachten kann, logisch aufeinander aufgebaut, manchmal sind sie aber auch verworren und versteckt. Indem Erzieher*innen einzelne Kompetenzen in eine Rangordnung bringen, können sie auf der Basis der aktuellen Beobachtung oft vorhersagen, welche Entwicklungsaufgabe als nächste ansteht. Diese Übersetzungsarbeit gilt es zu meistern, damit aus Entwicklungsbeobachtungen reale, nachvollziehbare Lernerlebnisse werden.

Jedes Kind ist einzigartig.
Von daher steht auch jedem Kind eine einzigartige Einschätzung
und Dokumentation seiner Entwicklung, seiner Talente,
Potenziale und somit seiner Persönlichkeit zu.[3]

Vielleicht ist diese Haltung der erste Schritt hin zu einer individuellen Beobachtung und eine Abkehr vom defizitären Blick sowie von standardisierten Tabellen, die in der Regel einer rudimentären Momentaufnahme gleichen. Am Beispiel der durchgängigen Sprachbildung lässt sich dies gut verdeutlichen. Bei allen Kindern soll ab dem Start in der Krippe die Sprachbildung beobachtet und alltagsintegriert unterstützt, während der Kita-Zeit dann weiterentwickelt und ausgebaut und über die Einschulung hinaus in der Grundschule fortgesetzt und gefestigt werden. Was würde in diesem Kontext eine Momentaufnahme nutzen?

---

3   Ursula Günster-Schöning.

Vielmehr braucht es ein praxisnahes System, um die individuellen Entwicklungsschritte aufzuzeichnen, die, je nach Entwicklungstempo des jeweiligen Kindes, auch erst in der nachfolgenden Einrichtung ausreifen. Somit braucht es über die Übergänge hinaus ein Instrument, welches die Entwicklung des Kindes ganzheitlich und systemisch erfasst, ohne die »Meilensteine« der Entwicklung aus dem Blick zu verlieren. So können schließlich grenzwertige Bereiche, in denen eine individuelle Förderung ggf. benötigt wird, frühzeitig erkannt werden, um Hilfestellungen für das Kind zu gewährleisten bzw. einzuleiten.

5.4 Beobachten bedeutet, wachsame Wegbegleiter*innen zu sein

Da Kinder sich generell nicht in allen Bereichen linear entwickeln, brauchen sie acht- und wachsame »Wegbegleiter*innen«, die sie wohlwollend beobachten und begleiten. Die meisten Kompetenzen, die Kinder erwerben, entwickeln sich in kleinen Teilabschnitten oder Entwicklungsstufen. Deshalb sprechen wir in der Krippe und Kita auch von Entwicklungsprofilen, die es im Laufe der Begleitung zu erkennen, zu entdecken und zu fördern gilt. Hier liegt jedoch oft die Schwierigkeit, die Erzieher*innen zu meistern haben. Was ist »noch normal«, noch im »richtigen Zeitfenster«; was liegt jenseits der Toleranz und bedarf einer gesonderten Überprüfung oder gar Entwicklungsdiagnostik und somit spezieller Forderung?

Heute geht man schon lange nicht mehr von der Entwicklungsvorstellung aus, dass jedes Kind in gleichbleibender Stufenfolge seine »Entwicklungstreppe« hinauf marschiert. Vielmehr sollte jede pädagogische Fachkraft wissen, dass Entwicklungen höchst unterschiedlich verlaufen und vom Erfahrungslernen der Kinder abhängig sind. Es hat sich im Rahmen vieler Forschungsprojekte und Studien gezeigt, dass gerade kleine Kinder im Alter von ein bis drei Jahren in verschiedenen Bereichen sehr unterschiedliche Entwicklungsstände aufweisen können und dennoch ganz »normal« entwickelt sind. Dies ist dadurch zu erklären, dass eine Entwicklung auch dann noch als »normal« gelten kann, wenn ein Kind beispielsweise das Laufen erst viel später lernt als andere. Einige Kinder erlernen das Krabbeln, bevor sie laufen können, während andere gar nicht krabbeln und dennoch Laufen lernen. Andere wiederum robben, überwinden Distanzen durch Kreisrutschen oder andere Bewegungsformen und kommen so zu ihren individuellen Lauflernprozessen. Einige Frühentwickler*innen erwerben die Lauffertigkeit schon mit neun Monaten, während andere noch lange beim Krabbeln verweilen und erst mit fünfzehn, sechzehn oder gar siebzehn Monaten das Laufen für sich entdecken. Es ist bekannt, dass 50 % aller Kinder bis zum Alter von 13 Monaten laufen, dennoch gilt keines als entwicklungsauffällig, wenn es dies erst mit 17 Monaten tut (vgl. Petermann/Petermann/Koglin 2009, S. 10; Zimmer 2004, S. 76–79).

Und in der Kita setzt sich diese Individualität weiter fort. Die meisten Fünfjährigen interessieren sich sehr stark für Buchstaben, fangen an, erste Worte zu verschriftlichen und schreiben mit Freude ihren Namen. Dieses Verhalten kann man aber auch schon bei einigen Vierjährigen entdecken, und manchmal zeigt es sich erst am Ende der Kita-Zeit.

5.5 Was ist »normal«? Vieles!

Kinder überspringen Entwicklungsstufen, verharren auf einer oder gehen manchmal sogar wieder auf eine frühere Stufe zurück. Dies zu beachten, ist besonders wichtig, wenn der Entwicklungsstand punktuell beurteilt werden soll. Das Auslassen eines Entwicklungsschrittes oder einer Entwicklungsstufe kann nicht unmittelbar mit einer Abweichung oder Fehlentwicklung gleichgesetzt werden. Vielmehr gilt es, das Kind als Ganzes wahrzunehmen. Gern möchte ich an dieser Stelle Erzieher*innen Mut machen, sich von Tabellen und Rastern zu lösen, die letztendlich nie das ganzheitliche Kind beschreiben und vor allem nicht seine Einzigartigkeit abbilden.

Geht es nicht vielmehr darum, zu erkennen und zu wissen, wie und was welches Kind auf welche individuelle Art und Weise lernt und wie das jeweilige Kind sich dieses Wissen angeeignet hat? Solche Aussagen finden wir in keiner Tabelle! Und darüber hinaus ist das Erfahrungslernen stark von der Angebotsvielfalt abhängig und von dem Zutrauen der Erzieher*innen zum Kind. Was darf es tun, ausprobieren und erforschen? Wo wird es gehemmt, abgehalten oder in seinem Tun unterbrochen?

Wer jedoch sein eigenes Wissen und seine Beobachtungen absichern möchte, tut gut daran, sich im Alltag eines Frühwarnsystems zu bedienen. Meilensteinkarten (BUDS), Meilensteine der Entwicklung von R. Michaelis, Entwicklungsneurologie oder Grenzsteine der Entwicklung von H.-J. Laewen basieren auf wissenschaftlichen Studien und aktueller Literatur und können als »Frühwarnsystem« bzw. Richtschnur dienen. Sie sind zwar kein Diagnoseinstrument, kein »Korsett«, in das das Kind »hineingequetscht« werden muss, um das »Soll« zu erfüllen. Vielmehr sollen sie helfen, das Kind umfassend in den Blick zu nehmen, können Orientierung und Sicherheit bieten und geben ggf. Hinweise, denen unter Einbeziehung von Expert*innen, Kinderärzt*innen oder Kinderpsycholog*innen nachgegangen werden kann.

Wer echtes Interesse an einer wertschätzenden, respektvollen und professionellen Entwicklungsdokumentation hat und nicht auf das Suchen und Aufspüren von Defiziten, Fehlern und Dingen, die ein Kind noch nicht kann, Wert legt, sollte sich von Tabellen, Rastern und Einschätzskalen verabschieden und sich einer ressourcenorientierten, stärkenorientierten Entwicklungsdokumentation öffnen. Denn viel wichtiger und entscheidender als das Aufdecken von Mängeln und Defiziten ist der wohlwollende Blick auf die ureigene Persönlichkeit des Kindes mit seinen jeweiligen Kompetenzen, Talenten und erwachenden Potenzialen.

Natürlich bedeutet dies nicht, dass wir als pädagogische Fachkräfte unsere Augen vor Entwicklungsschwächen und Verzögerungen verschließen, aber es gilt den Fokus auf die Stärken zu richten.

5.6 Kinder sind einmalig, individuell und nicht planbar

Dies gilt es immer wieder aufs Neue zu berücksichtigen, mit Wohlwollen zu begleiten – und auch auszuhalten, wenn sie nicht unseren oder den Vorstellungen ihrer Eltern entsprechen. Vielmehr gilt es achtsam und aufmerksam zu beobachten, um die Interessen des Kindes aufzuspüren, zu vertiefen und zu verstärken. Darüber hinaus sollten wir durch spezielle, auf das jeweilige Entwicklungsniveau angepasste, spielerische Anregungen und Angebote, dem Kind helfen, auf seine nächste Entwicklungsstufe zu gelangen. Wer will schon immer wieder das tun müssen, was schwerfällt und nicht gelingt, keinen Spaß macht und somit zu negativen Erfahrungen und auch Gefühlen führt? Reflektieren Sie daher Ihre Beobachtungen.

Beobachtungen allein reichen nicht. Sie müssen auch reflektiert werden

Um Kinder angemessen auf Ihrem Weg begleiten zu können, ist es wichtig, dass wir uns Zeit nehmen, um das Gesehene und Geschehene zu reflektieren und um uns mit den Kollegen*innen darüber auszutauschen. Leider fällt das im Alltag häufig unter den Tisch, da schlichtweg keine Zeit dafür bleibt. Der Alltag frisst uns mit seinen Ansprüchen und Verpflichtungen auf und häufig bleibt es bei den guten Vorsätzen. *Mein Wunsch:* Nehmen Sie sich die Zeit. Es ist gut investierte Zeit, die jedem Kind und letztendlich auch Ihnen als Fachkraft im Alltag zugutekommen.

> Wie ist Ihr Zeitmanagement?
> Viele Erzieher*innen beklagen sich darüber, dass sie zu wenig Zeit haben, obwohl sie sehr engagiert arbeiten und scheinbar ein gutes Zeitmanagement installiert haben. Der Begriff Zeitmanagement trifft jedoch nicht den Kern des Problems. Denn wir müssen nicht die Zeit managen, die ist jeden Tag gleich viel vorhanden oder eben nicht, sondern vielmehr unsere eigene Arbeitsweise. Besprechen Sie im Team, wann Sie sich wieviel Zeit nehmen, um Ihre Beobachtungen zu besprechen und diese auszuwerten. Was kann dafür weggelassen oder abgegeben werden?

Entwicklung vollzieht sich immer in der aktiven Auseinandersetzung der Kinder mit ihrer Umwelt (Petermann/Stein/Macha 2008) und vor allem in Alltagssituationen. Diese gilt es aufmerksam zu beobachten und stärkenorientiert auszuwerten und zu dokumentieren.

Meine Empfehlung: BUDS 4–36 und BUDS Kita
Das stärkenorientierte Beobachtungs- und Dokumentationssystem
für die Krippe und Kita. Göttingen

Zum Weiterlesen

Amerein, B./Kasten, H./Holger, K./Rodel, B./Tungler, A./Willich, M. (2014): Entwicklungspsychologie. Lehrbuch für pädagogische Fachkräfte. Haan-Gruiten
Brandt, I./Stricker, E. J. (2001): Griffiths-Entwicklungsskalen (GES) zur Beurteilung der Entwicklung in den ersten beiden Lebensjahren. 2. Aufl. Weinheim
Barth, K. (2000): Lernschwächen früh erkennen im Vorschul- und Grundschulalter. 3. Aufl. München
Beller, S. (2016): Kuno Bellers Entwicklungstabelle. 10. Aufl. Berlin
Chilla, S./Rothweiler, M./Babur, E. (2010): Kindliche Mehrsprachigkeit. Grundlagen – Störungen – Diagnostik. München
Groth, A. (2016): Stärkenorientiertes Führen. 7. Aufl. Offenbach
Günster-Schöning, U. (2012): Ich bin dann mal Erzieherin. Ausbildung und berufliche Realität. Göttingen
Hellbrugge, T. (1994): Münchener Funktionelle Entwicklungsdiagnostik: erstes Lebensjahr. 4. Aufl. Lübeck – (1994): Münchener Funktionelle Entwicklungsdiagnostik: zweites und drittes Lebensjahr. 4. Aufl. München
Holle, B. (2000): Die motorische und perzeptuelle Entwicklung des Kindes. 4. Aufl. Weinheim
Kasten H. (2007): 0–3 Jahre Entwicklungspsychologische Grundlagen. 2. Aufl. Berlin/Düsseldorf

Keller, H. (2015): Interkulturelle Praxis in der Kita. Freiburg
Kiphard, E. J. (2002): Wie weit ist mein Kind entwickelt? Eine Anleitung zur Entwicklungsüberprüfung. 11. Aufl. Dortmund
Koglin, U./Hallmann, A./Petermann, F. (2011): Entwicklungsdiagnostische Verfahren für die Arbeit mit Kindern in den ersten drei Lebensjahren. Verfügbar unter: https://www.kita-fachtexte.de/uploads/media/KiTaFT_KoglHallPeterm_2011.pdf (05.03.2018)
Krenz, A. (2009): Ist mein Kind schulfähig? Ein Orientierungsbuch. 6. Aufl. München
Kühnel, B. (2004): Ein neuer Blick auf die Kinder. Entwicklung der Beobachtungssystematik im Kinder- und Familienzentrum. Mit zwei Beobachtungsbögen. In: Hebenstreit-Müller, S./Kühnel, B. (Hg.): Kinderbeobachtung in Kitas. Erfahrungen und Methoden im ersten Early Excellence Center in Berlin. Berlin
Largo, R. H. (2002): Babyjahre. Die frühkindliche Entwicklung aus biologischer Sicht, 5. Aufl. München
Lohaus, A./Vierhuas, M. (2015): Entwicklungspsychologie des Kindes- und Jugendalters. 3. Aufl. Heidelberg
Mienert, M./Vorholz, H. (2007): Gespräche mit Eltern. Entwicklungs-, Konflikt- und Informationsgespräche. Troisdorf
Mienert, M./Vorholz, H./Wehrmann, I. (Hg.) (2009): Kleine Kinder – große Schritte. Grundlagen der pädagogischen Arbeit mit Krippenkindern. Berlin
Petermann, F./Stein, I. A./Macha, T. (2008): Allgemeiner Entwicklungstest sechs Monate bis sechs Jahre (ET 6-6). 3. Aufl. Frankfurt a. M.
Pfeiffer, S. (2012): Lernwerkstätten und Projekte in der Kita. Göttingen
Weber, H./Rammsayer, T. (Hg.) (2005): Handbuch der Persönlichkeitspsychologie und Differenziellen Psychologie. Göttingen
Wyrobnik, I. (Hg.) (2012): Wie man ein Kind stärken kann. Göttingen

NICHT FIT FÜR DIE SCHULE, SONDERN FIT FÜRS LEBEN – DAS WÄRE EIN GUTES ZIEL!

6 Nicht fit für die Schule, sondern fit fürs Leben – Das wäre ein gutes Ziel!

Die Aufgabe der Umgebung ist es nicht, das Kind zu formen, sondern ihm zu erlauben, sich zu offenbaren.
Maria Montessori (1870–1952)

Seit der Gesetzesänderung, dass alle Kinder »schulfähig« und daher per Stichtag einzuschulen sind oder auf Elternwunsch (seit 01.01.2018 z. B. in Niedersachsen) hin eingeschult werden können, erübrigt sich die Frage, ob ein Kind fit für die Schule ist. Alle gehen hin, egal auf welchem Entwicklungsstand, egal inwieweit Sprachkenntnisse und soziale Kompetenzen angeeignet wurden. Es geht somit nicht mehr um die »Ist-ein-Kind-fit«-Frage, sondern um die Frage: »Wie kann es gelingen, dass jedes Kind in der Schule erfolgreich ankommt und nicht scheitert?« Für Kita-Teams und natürlich auch Schulteams hat das zur Folge, dass sie gemeinsam über den Begriff »Schulfähigkeit« neu nachdenken und das beide Einrichtungen enger zusammenrücken müssen, um die Übergangsgestaltung neu auszurichten und zu individualisieren.

Lernen beginnt nicht mit der Schule, sondern mit der Geburt. Ich denke, das hat inzwischen jeder verstanden. Viele Basisfähigkeiten und Schlüsselqualifikationen werden bereits viele Jahre vor Schuleintritt angelegt und gefestigt. Das schulische Lernen baut ab der Einschulung darauf auf.

Vor Eintritt in die Schule verbringt ein Kind etliche tausend Stunden in der Kita und zu Hause. In der Regel hat sich ein Kind in diesen sechs Jahren vor der Einschulung zu einem kompetenten Schulkind entwickelt, da es sich frei entfalten, verschiedene Dinge ausprobieren und sich somit reichhaltig und vielfältig erproben konnte. So hat es normalerweise ein gewisses Repertoire an Erfahrungen (positiven und negativen) gesammelt, hat erlernte Fähig- und Fertigkeiten verinnerlicht, konnte beobachten, nachahmen und ausprobieren. Es konnte den Körper in vielfältigen Einsatzmöglichkeiten erproben, die eigenen positiven Kräfte spüren und zu einem guten Körperbewusstsein finden. Es durfte mithelfen und aktiv sein, Fertigkeiten, Handlungen, Verhaltensweisen und Vorgehensweisen abschauen, nachahmen und einüben. Dem Kind wurden Dinge und Handlungen erklärt und es wurde, wo immer möglich, beteiligt, sodass seine gefestigten Fertigkeiten sich weiterentwickeln und sein Entwicklungsstand sich altersentsprechend aufbauen konnten. Es sei denn, das Kind ist unter widrigen Bedingungen aufgewachsen, hat Flucht und Krieg erlebt, musste seine Heimat verlassen, hatte Angst um das eigene Leben. Dann bringt dieses Kind andere Kompetenzen mit und hat sich andere Fähigkeiten angeeignet und abgespeichert. Dennoch ist es auf seine Art und Weise kompetent, braucht jedoch für das bestehen in einer deutschen Schule eine andere Förderung und Unterstützung. Ähnlich wie jene Kinder, die mit verschiedenen Sprachen aufgewachsen sind, ob nun bilingual oder indem ein oder zwei Sprachen in den ersten Jahren dazu kamen. Meist sind diese Kinder nicht nur gute Sprach- sondern auch Kulturexperten, da sie – wie selbstverständlich – in zwei oder mehreren Kulturen aufgewachsen sind. All das macht deutlich, dass die Heterogenität der jetzigen und künftigen Schulkinder gestiegen ist und weiter zunehmen wird.

> Wie definieren Sie *Schulfähigkeit*? Was sollte ein Kind Ihrer Meinung nach bis zur Einschulung gelernt haben? Gibt es aus Ihrer Sicht allgemeingültige Standards? Und wenn ja, welche sind das? Kennen Sie die individuellen Kompetenzen der Ihnen anvertrauten Kinder? Und wie dokumentieren Sie diese? Welche Unterstützungsmechanismen und Angebote halten Sie in der Übergangsphase und auch davor bereit, damit jedes Kind zu seiner Schulfähigkeit finden kann?

Ich gehe davon aus, dass Sie sich, inspiriert durch die vorangegangenen Reflexionsfragen, kurz Gedanken zum Begriff der Schulfähigkeit gemacht haben. Lassen Sie mich daher jetzt eine Begriffsschärfung vornehmen. Unter Schulfähigkeit oder Schulreife wird das Zusammenspiel körperlicher, sozialer, emotionaler und kognitiver Fähigkeiten sowie die Berücksichtigung der Arbeitshaltungen und Leistungsbereitschaft eines Kindes verstanden. Damit Kinder in der Schule gut bestehen können, brauchen sie Einstiegswissen und geübte Fähigkeiten, die sogenannten Vorläuferfunktionen – auf denen dann Schule bzw. schulisches Lernen aufbauen kann. Dieses kann sehr unterschiedlich und höchst individuell aussehen. Dennoch bedarf es auch einiger grundlegender Fertigkeiten, die sich als begünstigend erweisen und den Start bzw. ein Bestehen in der Schule vereinfachen bzw. erst möglich machen. Dazu zählt z. B., dass ein Kind die deutsche Sprache verstehen und angemessen sprechen kann. Klingt simpel, ist es aber nicht, selbst für etliche deutsche Kinder. Fehlen daher bestimmte Grundkompetenzen, wie z. B. der richtige Einsatz unserer Präpositionen oder das Unterscheiden von Farben, das Erkennen von sozialen Verhaltensweisen und deren Interpretation oder die Fertigkeit mit einem Stift oder einer Schere umzugehen, kommt es in der Schule meistens zu Problemen. In erster Linie sind Eltern als Ersterziehende für dieses »Mindestniveau« verantwortlich und tragen daher nach wie vor eine enorm hohe Verantwortung für das Anlegen der Vorläuferfunktionen ihrer Kinder, aber auch das Erbgut und die individuellen Anlagen des Kindes spielen eine enorme Rolle sowie die Lebensbedingungen und die Kita, in der die Kinder in der Regel viel Zeit verbracht haben. Da viele Eltern bedingt durch ihre Lebensumstände oder indem sie andere Prioritäten setzen, oder schlichtweg andere Dinge für wichtig erachten, oder nicht in der Lage, oder überfordert sind, kommt der Qualität in Krippe und Kita zunehmend eine immens hohe Bedeutung zu. Mit Blick auf die Vorbereitung auf die Schule arbeiten viele Einrichtungen inzwischen familienersetzend statt ergänzend.

Wie Sie bereits gelesen haben, besitzen Kinder von sich aus Motivation zu lernen, sich zu entwickeln und Wissen zu erwerben. Sie sind sozusagen aktive Gestalter*innen ihres Lernens, denn von Beginn an suchen sie neugierig nach Lernsituationen und -anreizen in ihrer Umgebung. Jedes Kind besitzt daher eine individuelle Weltwissensliste, die bereits vor der Kita-Zeit angefangen, in der Kita erweitert und bis zur Einschulung vervollständigt wurde. Mit dieser geht es dann in die Schule.

Das eine Kind kennt beispielsweise einige Sternbilder am Himmel, aber vielleicht nicht den Unterschied zwischen Frosch und Kröte. Ein anderes Kind hat schon einmal ein kleines Musikinstrument gebaut, aber dafür noch nie mitgeholfen, eine Spülmaschine auszuräumen. Das eine Kind kann gut malen, das andere dafür schwimmen, das eine Kind spielt gern Uno, das andere baut schöne Türme aus Lego. Und wieder ein anderes Kind spricht drei Sprachen fließend, während ein anderes weiß, wie man ein Feuer macht, da es dieses auf der Flucht unzählige Male mit den Eltern gemacht hat. Jedes Kind ist anders, hat also spezielles Wissen für seine individuelle Weltwissensliste zusammengetragen.

Wenn wir uns über die Schulfähigkeit unterhalten, spielt die Vorbildung der Kinder immer eine Rolle. Alle Kinder benötigen ein sogenanntes Grund- oder Basiswissen und alle Kinder haben sich dieses in den ersten Jahren ihres Lebens angeeignet. Es sieht allerdings sehr individuell und unterschiedlich aus und weist manchmal auch »Lücken« auf, wenn wir auf unsere deutsche Schule und auf deren Erwartungshaltung schauen. Ich wünschte mir, dies wäre anders. Aber leider setzen viele Lehrpersonen nach wie vor Standards voraus, anstatt sich auf die Individualität der Kinder einzulassen. Der binnendifferenzierte Unterricht wäre ein tolles Ziel, verlangt jedoch neben sehr viel Engagement der Lehrkraft auch nach entsprechenden Ressourcen, die vorgehalten werden müssten, um individuelles Lernen und somit wirklich gleiche Bildungschancen oder zumindest Bildungsgerechtigkeit für alle zu ermöglichen. Und an beiden Kompetenzen scheitert es häufig, aber zum Glück nicht immer.

Gibt es »Standards«, die Ihre Schule von Ihren Kindern abverlangt, wenn diese eingeschult werden sollen? Und wenn ja, welche sind das? Sind diese noch zeitgemäß? Was würden Sie gern nachjustieren, verändern oder

> weglassen, ergänzen? Kommen Sie im Team darüber ins Gespräch und tauschen Sie sich dann mit der Schule darüber aus. Verhandeln sie neu.

Unsere Wissensgesellschaft und mediale Welt mit Smartphone, Computer, Internet, Fernsehen, Playstation, Xbox und Nintendo beeinflussen unsere Kinder extrem. Neue Lebenswelten entstehen.

Kinder wachsen heute in einer Zeit des schnellen Wandels auf. Ländergrenzen spielen in Europa keine Rolle mehr und daher leben immer mehr Kinder in mehrsprachigen und mehrkulturellen Familien. Eltern müssen Beruf und Familie vereinbaren und viele wollen heutzutage gleichberechtigt beides: Kind und Karriere. Leider gelingt das nicht immer so selbstbewusst und einfach. Um beides zu schaffen und allem gerecht zu werden, reiben sich Eltern häufig auf und überfordern sich und ihre Kinder. Mehr Gelassenheit wäre prima, aber das wird häufig erst zu spät erkannt. Und so nagt das schlechte Gewissen an den Eltern, da sie glauben, es hänge von ihnen ganz allein ab, ob eine Kindheit glücklich ist und gelingt. Andere Eltern haben wenig Ehrgeiz, beruflich aktiv, geschweige denn erfolgreich zu sein und wieder andere würden es gern können, dürfen es aber nicht.

Was alle eint, nur noch wenige Eltern nehmen sich wirklich Zeit für ihre Kinder. Und dabei geht es nicht darum, die eigenen Kinder permanent zu fördern, indem sie sie mit Wissen vollstopfen oder sie von einem Angebot zum anderen fahren. Nein, es geht vielmehr um qualitative Zeit mit dem Kind, um Beziehung und Bindung, die gesunde Balance zwischen emotionaler Nähe, spielerischer Förderung und kreativem Freiraum. Um das Vorhalten vielfältiger Möglichkeiten, gut dosiert und dem Entwicklungsstand angepasst. Doch welche Eltern können das heute noch leisten? Und viel entscheidender, wollen es leisten? Meiner Auffassung nach ist es daher sehr wichtig, dass Sie versuchen, im Rahmen der Erziehungspartnerschaft auch zu einer Bildungspartnerschaft zu kommen und die Eltern aktiv in Prozesse einbinden.

Denn Schulfähigkeit ist ein individueller, langfristiger Prozess, der von den Eltern und natürlich auch Ihnen als Erzieher*in professionell und qualitativ gut begleitet werden sollte. Gemeinsam, im Schulterschluss mit den Eltern, an konkreten Zielen zu arbeiten, wäre eine gute Strategie, um zum Wohle des Kindes eine positive Entwicklung zu ermöglichen.

Dies setzt voraus, dass Sie als pädagogische Fachkraft die Kinder kontinuierlich beobachten, Bedürfnisse oder Lerninteressen der Kinder ermitteln und darauf aufbauend für jedes Kind Lern- oder Bildungsziele festlegen. Überlegen Sie sich, mit welchen Methoden und Angeboten Sie diese Ziele erreichen. Schaffen Sie einen immerwährenden Kreislauf aus Beobachtung – Lernzielfestlegung – Angebot und Reflexion. Prüfen Sie, ob die Methodenauswahl ausreichend war und die Bildungsziele auch erreicht wurden. Wenn ja, prima, dann ist das Kind auf seinem Weg weitergekommen. Wenn nein, dann müssen neue Methoden gefunden und andere Angebote für das Kind zusammengestellt werden, damit es Lust hat, sich immer wieder einzubringen und so seine individuellen Bildungs- und Lernziele verwirklichen kann.

Außerdem sollte das Grundbedürfnis der Kinder: – gemocht, akzeptiert, geliebt und wertgeschätzt zu werden – gerade in den ersten Entwicklungsjahren im Vordergrund stehen. Ein Kind muss spüren: So wie ich bin, bin ich in Ordnung – ich darf ich sein. Das ist besonders wichtig, denn durch diese Haltung entwickelt sich beim Kind seine persönliche Selbst-Einschätzung. Wie Kinder über sich selbst denken, hängt zum größten Teil von den Eltern als Ersterziehenden und den zweiten Erziehenden, also Ihnen als Erzieher*in in Krippe und Kita, ab. Aber auch die Lehrer*innen aus der Grundschule haben Einfluss auf die Selbstwahrnehmung der Kinder.

Klären Sie in Ihrem Team, was Schulfähigkeit für Sie bedeutet und ausmacht. Stimmen Sie Ihre Einschätzung und Kriterien selbstbewusst und auf gleicher Augenhöhe mit der Grundschule in ihrem Einzugsgebiet ab, sodass beide Institutionen von der gleichen Basis ausgehen.

Insbesondere die Übergangsgestaltung rückt im Hinblick auf die Schulfähigkeit der Kinder in den Fokus. Sowohl in der Wissenschaft als auch in der Bildungspolitik herrscht Einigkeit darüber, dass es Aufgabe der Institutionen Kita und Grundschule ist, die Bildungschancen von Kindern zu verbessern und für einen guten Start in der Schule zu sorgen. Dies ist zudem in jedem Bundesland rechtlich in den Bildungs- und Orientierungsplänen verankert.

Mit Blick auf die Bildungsbiografien der Kinder muss gefragt werden, wie die Angebote beider Bildungsinstitutionen aufeinander abgestimmt werden können. Denn es ist die gemeinsame Aufgabe von Kita und Schule das Kind in dessen Übergangsprozess zu begleiten und zu unterstützen.

Und so steht zwar nach wie vor das Kind im Mittelpunkt der Aufmerksamkeit, das Zusammenspiel von Kita und Grundschule sowie die Einbindung der Eltern gewinnt aber zunehmend an Bedeutung und hat einen entscheidenden Einfluss. So sollte das Ziel aller am Übergangsprozess Beteiligten sein, sich auf ein gemeinsames »Fundament« bezüglich der Schulfähigkeit eines Kindes und seiner erfolgreichen Bewältigung des Übergangs zu verständigen. Damit weitet sich die Perspektive. Nicht mehr das Kind allein, sondern das Zusammenwirken aller ist die Gestaltungsebene auf der geklärt werden muss, wie eine gemeinsame Übergangsgestaltung gelingen kann.

6.1 Die zeitliche Perspektive verändert sich

Aus der Hirnforschung ist schon lange bekannt, dass nicht mehr ausschließlich das letzte Jahr vor der Einschulung das »wichtige« Vorbereitungsjahr ist, indem die Kinder endlich all jene Kompetenzen lernen, die sie für den erfolgreichen Besuch der Schule benötigen. Vielmehr sind alle Jahre vor der Einschulung wichtige Erfahrungs- und Lernjahre, oder um es deutlich auszudrücken: »Vorschulkinder« sind Kinder bereits am Tag nach der Geburt. Und obwohl diese Haltung bekannt und längst etabliert ist, sollten Sie neben der Erziehung, Bildung und Betreuung die Übergangsgestaltung von der Kita in die Grundschule verstärkt in den Fokus Ihrer Kita-Arbeit rücken. Jede Kita als auch Schule hat einen eigenständigen, aber bezogen auf die Übergangsgestaltung auch gemeinsamen, schriftlich in den Bildungsplänen der jeweiligen Bundesländer verankerten Bildungsauftrag, der zu einer Präzisierung der Erwartungen und Anforderungen im Übergang führen sollte. Die pädagogische Begleitung der Kinder muss daher individualisiert und als sozialer Prozess in sich ko-konstruktiv gestaltet werden, um in der Zukunft allen Kindern gerecht werden zu können.

Überdenken Sie vor diesem Hintergrund:
- Arbeiten wir als Kita mit der aufnehmenden Grundschule auf »Augenhöhe« zusammen? Wenn ja, woran wird das deutlich? Wenn nein, was könnten erste Schritte sein?
- Gibt es eine Kooperationsvereinbarung, die schriftlich regelt, wie z. B. die Vorbereitung und Durchführung gemeinsamer Arbeitstreffen und die gemeinsame Gestaltung des Übergangs (z. B. Projekte, Aktionen, Arbeitsmaterialien, Absprachen, Elterninfo und Beratung usw.) gestaltet wird?
- Fand eine Begriffsklärung »Schulfähigkeit« von beiden Seiten statt, sodass man zu »einer« Sprache fand? Haben sich Erzieher*innen und Lehrer*innen ausgetauscht?
- Gibt es gegenseitige Hospitationen, um die Welt des anderen kennenzulernen? Wenn nein, was sind noch Stolpersteine? Was könnten erste Schritte sein?
- Weiß jede der beiden kooperierenden Einrichtungen über die eingesetzten Methoden der Beobachtung und Dokumentation zum Entwicklungsverlauf der Kinder Bescheid?
- Findet eine gemeinsame Elterninformation/Elternberatung statt?

Wenn Sie an die Übergangsgestaltung in Ihrer Kita denken, wie würden Sie Ihre Rolle beschreiben? Sind Sie Wegbegleiter*in? Antreiber*in? Sind Sie Animateur*in? Oder gar Kontrolleur*in mit Blick auf die zu erreichenden Ziele?

Ich denke, keine der benannten Rollen wäre die richtige. Vielmehr sollten Sie als Erzieher*in sich im Sinne der Transitionsforschung als Moderator*in des Übergangsprozesses verstehen, denn die Haltung und das Verständnis prägt Ihr Handeln. Und das ist von besonderer Bedeutung, wenn Sie die Kinder auf die Schule vorbereiten. Vor allem, wenn Sie ihren Blick schärfen und besonders hinsehen, ob das Kind voraussichtlich den Anforderungen des Schulalltags gewachsen sein wird. Und da es keine allgemeingültige Definition von Schulfähigkeit gibt, ist es umso wichtiger, dass Sie sich im Team als auch mit der Schule auf einen Konsens einigen und klären, wie die Anforderungen aussehen und welche Fähigkeiten dem Kind einen erfolgreichen Start in seine Schullaufbahn erleichtern, sodass die Schulfähigkeit als Zielbegriff beschrieben wird. »Schulfähigkeit« als Zielbegriff geht übrigens auf die Arbeit des Entwicklungspsychologen Nickel (1981) zurück. Er beschreibt die Schulfähigkeit nicht mehr als Eingangsnorm mit Blick auf die Schule, sondern als das Ergebnis eines Prozesses, in dem es verschiedene verantwortliche Akteur*innen gibt: das Kind selber, dessen Familie und die Fachkräfte in Kita und Grundschule. Er versteht den Prozess daher als ein ökologisch-systemisches Verständnis (Nickel 1981, 1999) von Schulfähigkeit. Und dennoch wird Schulfähigkeit vielerorts noch immer als Eingangsnorm und nicht als fließender Übergang verstanden (vgl. Grotz 2005).

> Wie stehen Sie zu der vorangegangenen Ausführung von Nickel? Schulfähigkeit als Zielbegriff, wie fühlt sich das für Sie an? Wie ist Ihre Haltung dazu? Was müssten Sie in Ihrer Arbeit/Ihrer Kita verändern, um diesem Anspruch gerecht zu werden?

6.2 Veränderungsprozesse bei Kindern und Eltern

Kinder als auch Eltern erleben im letzten Jahr vor der Einschulung auf unterschiedlichen Ebenen Veränderungen, durch die ihr Bewusstsein als auch ihre Rolle gleichermaßen beeinflusst werden.

Auf der *individuellen Ebene* sind es Veränderungen der Identität: Bewältigung starker Emotionen wie Freude, Stolz, Angst, Ungewissheit; ein Schulkind (Schulkind-Eltern) werden sowie der Kompetenzerwerb: Ein Schulkind muss andere Dinge können als ein Kita-Kind; Eltern eines Schulkindes haben andere Aufgaben als Eltern eines Kita-Kindes.

Auf der *interaktionalen Ebene* sind es Veränderungen von Beziehungen: Verlust der Kita-Beziehungen für Kinder und Eltern; neue Beziehungen zu Gleichaltrigen und pädagogischen Fachkräften.

Und auf der *kontextuellen Ebene* kommen Veränderungen im Familienkontext hinzu, wie z. B. der Wiedereinstieg in den Beruf, evtl. die Geburt eines weiteren Kindes sowie die Integration unterschiedlicher Lebensbereiche (Anforderungen von Schule bezogen auf den Tages- und Wochenrhythmus; neue Strukturen und Inhalte (Quelle: Identitätsentwicklung im Prozess der Transition auf verschiedenen Ebenen (vgl. Griebel 2004)).

> Welche Veränderungen bemerken Sie bei den angehenden Schulkindern? Welche Kinder zeigen Vorfreude, welche verhalten sich eher neutral oder gar ängstlich, wenn es um die bevorstehende Einschulung geht? Welche Lerninteressen der Kinder sind erkennbar? Welche Hürden müssen noch genommen werden?

Die Phase des Übergangs beginnt lange vor dem ersten Schultag und weist weit über diesen hinaus. Das Ziel der Übergangsgestaltung sollte jedoch darin bestehen, das Kind individuell auf die Schule vorzubereiten, damit es diese als selbstverständlichen Teil seines Lebens empfindet. Und so hat meiner Meinung nach auch die qualitative Weiterentwicklung der Kitas und Grundschulen mit Blick auf die Übergangsgestaltung bis hin zum Qualitätsentwicklungskonzept, das klare Qualitätsstandards ausweist, in der Zukunft höchste Priorität. Förder- und Entwicklungsziele sind vor diesem Hintergrund genauso selbstverständlich wie die intensive Vernetzung zwischen Kita und Schule sowie im gesamten Stadtteil und der individualisierten Vorbereitung jedes einzelnen Kindes, damit der Übergang fließend verlaufen kann.

Dies setzt auch weiterhin eine Veränderungsbereitschaft in jeder Kita voraus. Mit Blick auf die ganzheitliche Entwicklung der Kinder gilt es, alle Entwicklungsbereiche gleichermaßen gut in den Blick zu nehmen, die individuellen Talente und Kompetenzen zu sehen, zu fördern und individuell stärkenorientiert zu dokumentieren.

Zur ganzheitlichen Entwicklung eines Kindes zählen folgende Entwicklungsbereiche:
- Körperlich-motorische Entwicklung
- Sozial-emotionale Entwicklung
- Geistig-kognitive Entwicklung
- Ästhetisch-kreative Entwicklung
- Mathematisch-naturwissenschaftliche Entwicklung
- Musikalische Entwicklung
- Entwicklung der Sprache und Sprechfertigkeit
- Persönlichkeitsentwicklung

Aus der zukunftsorientierten Pädagogik gibt es einige Impulse, die Sie dabei unterstützen, die Kinder fit fürs Leben (statt fit für die Schule) zu machen. Einige hilfreiche Impulsfragen finden Sie im Themekartenset *Zukunftsorientierte Pädagogik* von Pausewang/Christophel (2016), erschienen im Don Bosco Verlag. Zu deren Fragen gehören z. B.: »Wie können Sie ein Kind dabei unterstützen, nicht vorschnell aufzugeben, wenn es auf seinem Weg an Grenzen stößt?« oder »Warum ist es für die Zukunft der Kinder wichtig, wenn sie im Spiel Situationen aus unterschiedlichen Perspektiven wahrnehmen?«

Mit auf den Weg: Viele Kinder können und wissen bereits viel mehr, als die Schule voraussetzt oder erwartet. Viele Kinder können bereits zählen, einfache Rechenaufgaben lösen und einige Buchstaben und Wörter schreiben, können Lieder singen und Reime aufsagen und sind sicher im Umgang mit ihrem Körper und selbstständig im Umgang mit Handlungsabläufen, sprechen mehrere Sprachen und können einen Streit schlichten. Schütteln Sie daher (falls noch vorhanden) bitte den Tunnelblick, der sich schwerpunktmäßig auf die scheinbaren Mängel oder Schwächen der Kinder konzentriert, ab. Schauen Sie stattdessen ganzheitlich auf das Kind, suchen sie nach Stärken sowie Besonderheiten. Ich garantiere Ihnen, jedes Kind kann irgendetwas richtig gut. Wir müssen es nur entdecken und sichtbar machen.

Die Hauptaufgabe als pädagogische Fachkraft besteht darin, die Lernbegierde und Lernfreude der Kinder zu erhalten und sie mit allen Kräften darin zu unterstützen. Unter Berücksichtigung der individuellen Möglichkeiten und Fähigkeiten sollten Sie dafür Sorge tragen, dass dieser Motor jeglichen Lernens – die Neugierde, die Lernmotivation – nicht zum Stehen kommt. Dies schaffen Sie durch ein gesundes Maß an Anregung und Zurückhaltung, durch Förderung und Freiraum. Nicht zu viel erwarten (damit die Lernfreude nicht durch den Druck verloren geht) und nicht zu viel befürchten (damit sich keine Ängste einstellen), sondern vielmehr den Kindern etwas zutrauen. Das gelingt auch Eltern umso besser, je mehr sie während der Kita-Phase über Entwicklungsschritte informiert wurden und beispielsweise mithilfe des Portfolios des Kindes deren Entwicklung und Lernprozesse nachvollziehen konnten. Durch eine solche Vorgehensweise akzeptieren sie, dass Lernen etwas ganz Individuelles ist.

Jedes Kind hat seine ganz eigene individuelle Lernmethode und sein ureigenstes Lerntempo. Über eine gute Lerndokumentation und ggf. ergänzende Beobachtungstagebücher oder Lerngeschichten können Sie das Eltern sichtbar und deutlich machen.

Das Gras wächst nicht schneller, wenn man daran zieht.[1]

---

1   Afrikanisches Sprichwort.

6.3 Elterngespräche vor der Einschulung

Im Folgenden finden Sie einige Argumente für Gespräche mit Eltern, die sich als hilfreich erwiesen haben und die deutlich aufzeigen, warum man der Einschulung in aller Regel gelassen entgegensehen kann:

- Die altersgerechte Entwicklung wird in aller Regel durch die Kita-Zeit kompetent begleitet. Das heißt, Sie als Erzieher*in haben die Entwicklung des Kindes im Blick, dokumentieren diese und können immer wieder Rückmeldung über die Entwicklung und das Vorankommen des Kindes geben.
- Eine Vielzahl der zuvor genannten Voraussetzungen und Erwartungen sind oft bereits bis zum Schuleintritt angelegt bzw. erfüllt oder erfüllen sich in den ersten Schulwochen, denn dann machen viele Kinder einen enormen Entwicklungsschub.
- Die Aufgaben des ersten Schuljahres sehen vor, dass die unterschiedlichen Ausgangssituationen der einzelnen Schüler*innen berücksichtigt und entsprechende Anforderungen und Hilfe auch auf diese ausgerichtet werden. Das heißt, dass die Kinder durchaus zu Beginn des ersten Schuljahres Zeit haben, Dinge aufzuholen, die sie bis dahin noch nicht können.
- Die Schule knüpft in den ersten Schulwochen an die pädagogische Arbeit der Kita an. Das heißt, dass in dieser Eingewöhnungsphase das Lesen, Schreiben und Rechnen zwar vorbereitet, aber noch nicht systematisch angewendet wird. Die Messlatte der Bestimmungskriterien für Schulfähigkeit ist daher nicht so hoch, wie sie im ersten Augenblick scheint.

Zum Weiterlesen

Barth, K. (2012): Lernschwächen früh erkennen. Im Vorschul- und Grundschulalter. 6. Aufl. München

Bründel, H. (2012): Wie werden Kinder schulfähig? Was die Kita leisten kann. Freiburg

Dobrick, M. (2011): Demokratie in Kinderschuhen. Partizipation & KiTas. Göttingen

Ettrich, K. U. (2000): Entwicklungsdiagnostik im Vorschulalter. Göttingen

Fell, H. (2012): Die Schulfähigkeit im Alltag fördern. Ein Praxishandbuch für Eltern, Erzieherinnen und Lehrkräfte. Friedberg

Fell, H. (2014): Themenkarten »Bildung«. München

Gewerkschaft Erziehung und Wissenschaft (Hg.) (2008): Das Bildungsbuch. Dokumentieren im Dialog. Weimar

Griebel, W./Niesel, R. (2004): Transitionen. Fähigkeiten von Kindern in Tageseinrichtungen fördern, Veränderungen erfolgreich zu bewältigen. Weinheim

Grotz, T. (2005): Die Bewältigung des Übergangs von Kindergarten zur Grundschule. Zur Bedeutung kindbezogener, familienbezogener und institutionsbezogener Schutz- und Risikofaktoren. Hamburg

Günster-Schöning, U. (2010): Apropos Sprache. www.apropos-sprache.de
Hansen, R./Knauer, R. (2015): Das Praxisbuch. Mitentscheiden und mithandeln in der Kita. Gütersloh
Hüther, G. (2011): Stell dir vor es ist Schule und alle wollen hin. Kaufungen
Kahl, R. (2004): Treibhäuser der Zukunft. Wie in Deutschland Schulen gelingen. Filmdokumentation. Archiv der Zukunft. Hamburg
Krenz, A. (2009): Ist mein Kind schulfähig? München
Küspert, P./Schneider, W. (2002): Hören, lauschen, lernen. Göttingen
Meindres-Lücking, F./Loy, S. (2006): Wie schulfähig ist mein Kind? Freiburg
Nickel, H. (1981): Schulreife und Schulversagen. Ein ökopsychologischer Erklärungsansatz und seine praktischen Konsequenzen. In: Psychologie in Erziehung und Unterricht, 28, S. 19–37
Nickel, H. (1999): Einschulung. In C. Perleth/A. Ziegler (Hg.): Pädagogische Psychologie. Grundlagen und Anwendungsfelder. Bern
Pausen, S./Herber, V. (Hg.) (2009): Vom Kleinsein zum Einstein. Offenive Bildung. Berlin
Pausewang, F./Christophel, S. (2016): Zukunftsorientierte Pädagogik. Themenkarten für Teamarbeit, Elternabende, Seminare. München
Perels, F. (2009): Mit Kindern Lernen lernen. Selbstreguliertes Lernen im Kindergarten anleiten. Göttingen
Plehn, M. (2012): Einschulung und Schulfähigkeit. Die Einschulungsempfehlung von ErzieherInnen – Rekonstruktionen subjektiver Theorien über Schulfähigkeit. Diss. Bad Heilbrunn
Probst, H./Günther, W. (2009): Bereit für die Schule? Ein Schnellverfahren zur Überprüfung des Lern- und Entwicklungsstandes von Kindern zum Schuleintritt. Donauwörth
Schlösser, E. (2001): Wir verstehen uns gut. Münster
Zey, R./Zey, D. (2003): Auf einmal Schulkind. München

GEWALTFREI ZUSAMMENLEBEN! ODER VOM UMGANG MIT KINDLICHEN AGGRESSIONEN

7 Gewaltfrei zusammenleben! – Oder vom Umgang mit kindlichen Aggressionen

Wollen wir die Beziehung zwischen uns und unseren Kindern verbessern, müssen wir sowohl an unserem Verhalten als auch an unserer inneren Haltung arbeiten.

Barbara Hennings/Gisela Niemöller [1]

Sind Aggressionen nicht wichtig, um Erfolg zu haben? Haben sie nicht zum Fortbestand unserer Rasse geführt? Brauchen wir sie nicht, um uns durchzusetzen? Vor dem Hintergrund dieser drei Fragen kommen Sie vielleicht ins Stocken und denken »Nun ja, stimmt irgendwie, aber …« Es ist immer dieses »aber«, was bei den meisten Menschen dazu führt, dass sie diesen Fragen nicht uneingeschränkt zustimmen können. Denn Aggressionen haben bei vielen sofort einen negativen Beigeschmack, obwohl jeder Mensch mal mehr, mal weniger aggressiv ist.

Uns wurden Gefühle wie Wut, Zorn und Ärger angeboren. Wenn wir uns über kindliche Aggressionsformen unterhalten und klären wollen, wie wir geeignet und angemessen darauf reagieren können, müssen wir uns erst einmal damit beschäftigen, was wir unter Aggressionen überhaupt verstehen und wie sie entstehen. Erst dann können wir Rückschlüsse und Ideen entwickeln, wie wir kindgerecht und angemessen mit ihren Erscheinungsformen umgehen können.

7.1 Wie entstehen Aggressionen?

Im Allgemeinen wird aggressives Verhalten durch Bedingungen hervorgerufen, unter denen sich Menschen beim Zugang bestimmter Ressourcen gegenseitig behindern. Beispiel: Wenn zwei Menschen zur gleichen Zeit am gleichen Ort unterschiedliche Bedürfnisse verwirklichen wollen, kommen sie sich schnell in die Quere.

Die sichtbaren Verhaltensweisen wie Gestik, Mimik und Sprache sowie Reaktionen, die diese unterschiedlichen Bedürfnisse oder kulturell geprägten Interpretationen auslösen, bezeichnen wir dann als mehr oder weniger aggressive Verhaltensweisen. Doch wie entstehen Aggressionen bei Kindern und Jugendlichen nun konkret? Ursachen können u. a. folgende Faktoren sein:

---

1 Hennings, B./Niemöller, G. (2012): Ermutigen statt kritisieren. Ein Elternratgeber nach Rudolf Dreikurs. Freiburg, S. 20.

- sprachliche Barrieren,
- undeutliche Anweisungen,
- Gefühle, die nicht benannt werden,
- Stress durch Reizüberflutung oder Stress durch Über- bzw. Unterforderung,
- Medien wie Fernsehen, Computer, Smartphone und Konsolenspiele, gewaltverherrlichende Videos und DVDs,
- Bewegungsmangel,
- unsere gesellschaftlichen Umgangsformen,
- negative Umwelteinflüsse und Peer-Gruppen-Einflüsse,
- schlechte Vorbilder oder
- gewalttätige Erwachsene.

7.2 Aggression oder Gewalt? Das ist hier die Frage

Damit die Begriffe Aggression und Gewalt nicht gleichgesetzt und fehlinterpretiert werden, sollte man sich einer klaren Abgrenzung bewusst sein.

> Überlegen Sie bitte, welche negativen Verhaltensweisen Sie schon bei Kindern beobachten, welche Ihnen unangenehm auffallen? Welche Handlungen fallen Ihnen ein? Waren es aggressive oder gewalttätige Handlungen? Und kennen Sie den Unterschied zwischen gewalttätigem und aggressivem Verhalten? Was verstehen Sie eigentlich unter Aggressionen, was unter Gewalt? Und welche Möglichkeiten fallen Ihnen ein, Kindern den Unterschied bewusst zu machen?

Schauen wir uns zunächst den Begriff *Aggression* etwas genauer an und leiten ihn vom lateinischen Wort *aggredi* ab. Er bedeutet so viel wie: *Herangehen an eine Sache* – im Sinne von sich einer Herausforderung stellen. Übertragen auf Handlungen bedeutet Aggression daher auch: etwas in Angriff nehmen – Ärmel hoch und los oder sich mit Engagement einer Sache stellen, sich gegen Widerstände durchsetzen. Von daher hat die Wortbedeutung Aggression erst einmal nichts mit Gewalt zu tun. Vielmehr bezeichnet diese Deutung des Wortes die gesteigerte Form von Lebensenergie.

Man könnte Aggression, also *aggredi,* aber auch so übersetzen: sich bemächtigen, Raum einnehmen. Dies spiegelt uns dann die ursprüngliche entwicklungsorientierte Funktion der Aggression wider, nämlich: sich selbst Raum verschaffen, um sich weiterzuentwickeln. Von daher sind Aggressionen in erster Linie Gefühlszustände, die alle kennen und die auch bei allen Menschen vorkommen.

Sie gehören sozusagen zur emotionalen Grundausstattung, die allerdings von jedem Menschen und vor allem in unterschiedlichen Kulturkreisen unterschiedlich wahrgenommen werden. In südlichen Ländern wie Albanien oder Italien ist es beispielsweise ganz normal und selbstverständlich, sich wild gestikulierend mit Händen und Füßen zu unterhalten, im Gespräch laut und »aggressiv« zu werden, um seinen Argumenten Nachdruck zu verleihen, während in Norwegen schon das Anheben der Stimme im Gespräch als Streit interpretiert wird. Die Streitkultur ist beispielsweise generell von Mensch zu Mensch und Land zu Land sehr unterschiedlich ausgeprägt und wird somit auch sehr unterschiedlich wahrgenommen und interpretiert.

So ist für den einen sein Auftreten beherzt und selbstbewusst, während es auf den anderen schon aggressiv wirkt. Setzt sich jemand bei einer Diskussion engagiert und mit guten Argumenten beharrlich ein, sagt der eine, »Oh, wie durchsetzungsstark!«, während ein anderer sagt: »Der ging aber aggressiv vor.« Was ist also richtig? Und gibt es überhaupt ein richtig und falsch? Denn bringt sich ein anderer nur wenig oder gar nicht ins Gespräch ein, sagt man über ihn vielleicht: »Es fehlte ihm am nötigen Biss« und meint, er war nicht stark oder gar aggressiv genug. Sie sehen also, man benennt die gleichen Gefühle, erlebt sie aber sehr individuell. Dabei sind aggressive Impulse ursprünglich sinnvoll und für eine positive Lebensbewältigung notwendig.

Im täglichen Miteinander erleben die meisten Menschen allerdings sowohl ein Zuviel als auch das komplette Ausbleiben von Aggressionen als störend. Wer kennt in diesem Zusammenhang nicht folgende Bemerkungen: »Der hat ja gar kein Durchsetzungsvermögen« oder noch negativer:

»Das ist ja ein Schlaffi« oder auch: »Der ist ja ein Weichei/ein Warmduscher«. Unter diesen Aspekten betrachtet, kann aggressives Verhalten also positiv als auch negativ wirken.

Generell ist eines klar, wir müssen mit Aggressionen bei Erwachsenen, Jugendlichen und Kindern rechnen. Sie sind notwendig und konstruktiv für eine gesunde Entwicklung. Das natürliche angeborene Aggressionspotenzial diente schon immer in erster Linie unserem Überleben und bis heute unserem Durchsetzungsvermögen, unserem Weiterkommen. Aggression, die in besonderer Energie und Durchsetzungskraft deutlich wird, ist in sozialen Beziehungen daher eine erforderliche Auseinandersetzungsform, um Grenzen zum Gegenüber abzustecken und Grenzerfahrungen zu machen. Sich abgrenzen zu können ist eine wichtige Basisfähigkeit für das spätere Leben.

Wie setzen Sie Grenzen bei Kolleg*innen, Freund*innen, dem*der Partner*in, den Eltern und Kindern Ihrer Gruppe? Wie setzen Sie sich durch oder für etwas ein? Beobachten Sie in nächster Zeit ganz bewusst, wie Sie Ihr Aggressionspotenzial positiv oder auch negativ, z. B. in einer Teamsitzung, einem Elterngespräch oder privaten Auseinandersetzung, einsetzen. Reflektieren Sie dann in dem Zusammenhang, welche Haltung, Gestik, Mimik, Gefühle und Sprache Sie verwendet haben und wie Ihr Gegenüber darauf reagiert hat.

Generell unterscheidet man zwischen vier Formen der Aggression:
1. Die gutartige, aktive, spontane, konstruktive Aggression (im Sinne von anpacken, loslegen, aktiv werden), sie wird häufig in der Schule oder im Berufsleben sogar erwartet.
2. Die defensive Aggression, die in Notwehrsituationen zum Ausdruck kommt. (Wenn sich beispielsweise ein Mensch zur Wehr setzt, weil er sich bedroht fühlt. In diesen Fällen bestimmt Angst sein impulsives, aggressives Handeln. Dieser Bezug zwischen Angst und Aggression lässt sich häufig gerade bei Kindern und Jugendlichen feststellen.)
3. Die expressive Aggression ist jene Form der Außendarstellung, die wir von Sportler*innen erwarten, wie z. B. bei einem Fußballspiel, einem Boxkampf, einem Basketballspiel oder ähnlichen Sportarten mit Körperkontakt.
4. Die destruktive, feindselige, negative Aggression mit deutlicher Zerstörungstendenz und Gewalthandlungen kann als einzige Aggressionsform nicht geduldet werden, da alle Handlungen, die mit Absicht anderen schaden, Menschen oder Tiere verletzen oder Gegenstände zerstören, nicht akzeptiert werden dürfen. Diese bösartigen Teile der menschlichen Aggression sind uns nicht angeboren. Wir haben sie vielmehr im Laufe unseres Lebens erlernt. Diese destruktive Aggression meinen wir, wenn wir z. B. über die Zunahme von Gewalt bei Jugendlichen sprechen oder von zerstörerischen Gewaltakten und Übergriffen.

7.3 Gewalt! Erkennen, benennen und unterbinden

Unter Gewalt wird vieles gefasst, zumeist Dinge, die irgendwie negativ besetzt sind. Es gibt bestimmt über hundert verschiedene Erklärungsversuche und Bedeutungen des Begriffes »Gewalt«, sodass es einer genauen Eingrenzung bedarf. Wenn wir alle aggressiven Handlungen als Gewalt bezeichnen, wird die

Begrifflichkeit verwässert. Es ist sehr wohl ein Unterschied, ob jemand böse angeschaut, angeschrien oder gar geschlagen wird. Sobald alles, was schlimm ist, mit Gewalt etikettiert wird, ist es im Prinzip dasselbe. Und dies bietet allen, die wirklich gewalttätig werden, die Möglichkeit, sich aus der Verantwortung zu ziehen.

Gewalt muss sehr genau definiert werden. Unter Gewalt versteht man allgemeingültig jede Form oder Maßnahme, die darauf abzielt, eine andere Person oder ein anderes Lebewesen zu verletzen oder zu schädigen. Auch das bewusste Zerstören von Gegenständen ist eine Form von Gewalt.

Anders die Aggression: Aggressive Handlungen, auch im Gespräch oder in einer Konfliktsituation, enthalten einen hohen Anteil an Selbstoffenbarung, d. h. jemand zeigt sehr genau und deutlich, wie es in ihm aussieht und was in ihm vorgeht. Somit macht er klare Aussagen über sein Befinden. Ein Mensch, der wütend ist, zeigt sich und seine Wut. Sie sollten immer zwischen Aggression und Gewalt unterscheiden.

Gewalt tritt in vier verschiedenen Erscheinungsformen auf: Es gibt:
1. Physische/körperliche Gewalt: Dieses Form der Gewalt ist die bewusste Schädigung anderer oder deren Eigentum. Man fügt jemandem direkten körperlichen oder materiellen Schaden zu. Zur körperlichen Gewalt zählen Handlungen wie: Schlagen, Treten, Beißen, Misshandeln, Vergewaltigen usw. Aber auch Beschädigungen bzw. Zerstörung des Eigentums, wie z. B. Vandalismus, gehören dieser Kategorie an.
2. Psychische/seelische Gewalt: Diese Form der Gewalt ist die bewusste Schädigung bzw. Verletzung anderer durch Worte oder Gesten. Diese Gewaltform wird auch *verbale Gewalt* genannt, da die Opfer Schaden an Seele und/oder Geist nehmen. Zur verbalen Gewalt zählen Handlungen wie: Beleidigen, Demütigen, Lächerlich machen, Anbrüllen, Bedrohen, Ausschließen usw. Auch der Begriff Mobbing und die damit verbundenen Aktionen fallen in diesen Gewaltbereich.
3. Personelle Gewalt: Diese Form der Gewalt kennzeichnet die beiden eben genannten Gewaltformen. Eine oder mehrere Personen werden aktiv, um eine andere Person oder mehrere andere Personen an Körper oder Seele zu schädigen.
4. Strukturelle Gewalt: Diese Form der Gewalt wird durch die Gesellschaft oder durch gewalthafte Lebensbedingungen bestimmt, wie z. B. die systematische Benachteiligung bestimmter Bevölkerungsgruppen.

Werden Eltern, Erzieher*innen, Lehrer*innen und andere Erwachsene nach dem Ausmaß an Gewalt in ihrem Umfeld oder der Gesellschaft befragt, berichten sie in der Regel nicht über die vier eben genannten Formen der Gewalt, sondern benennen vorrangig den Werteverlust und die Veränderungen im Sozialver-

halten, die das Zusammenleben erschweren, beeinflussen oder gar unmöglich machen. Häufig genannt werden dann Gewaltformen wie:
- mangelnde Hilfsbereitschaft und fehlende Empathie (Mitgefühl),
- Raufen, Schlagen, körperliche Angriffe auf andere Kinder wie Anrempeln, Schubsen oder Treten,
- Unfähigkeit im Aushalten oder Ertragen von sachlicher Kritik und oder Konflikten (ganz gleich ob von Kind zu Kind oder Erwachsener zu Kind),
- vielfältige Formen der psychischen Gewalt wie verbale Attacken, gegenseitiges Lächerlich machen, Beleidigen und Verhöhnen,
- Abwertung, Geringschätzung und/oder Zerstören von fremdem Eigentum,
- Einsperren anderer in Toilettenräumen, Holzschuppen oder Mülltonnen,
- Filmen von gewalttätigem oder herabwertendem Verhalten mit dem Smartphone und Verbreitung im Netz,
- Verhöhnen und Beleidigen von Personen im Internet,
- Brüllen, Türen schlagen, Gegenstände durch den Raum werfen,
- Unvermögen, Grenzen anderer zu erkennen und zu akzeptieren oder Unkenntnis der Grenzen zwischen Spaß und Ernst sowie bei Verletzungen anderer, …

Insbesondere der Verlust der Anerkennung und Akzeptanz von Grenzen wird bei Kindern (und Jugendlichen) immer häufiger. Das mag sicherlich u. a. daran liegen, dass sie heutzutage leider immer weniger Möglichkeiten und Freiräume haben, um ihre sinnvollen, positiv-aggressiven Auseinandersetzungen intensiv ausleben zu können. Ebenso ist dies ein Resultat der Erziehung, in der zunehmend Erziehungsgrenzen an Relevanz und Nachhaltigkeit verlieren. Dies zeigt sich auch beim Aufeinandertreffen der unterschiedlichen kulturbedingten Ausdrucksformen von Erziehungsstilen, -formen und -grenzen in unseren Kitas, die das Miteinander, auch in unserer Gesellschaft, schwieriger und anstrengender machen. Das lustvolle Raufen und Kräftemessen, das reine Austoben wird zunehmend durch reglementierte Freizeitangebote, zu hohen Medienkonsum und extreme Passivität verdrängt. Unterschätzt wird dabei, was man den Kindern nimmt.

Neben heftigen, positiv stimulierenden sinnlichen Körpererfahrungen, dem Ausprobieren der eigenen Kräfte und des eigenen Körpers im Rahmen gesteckter Regeln und Grenzen sowie dem befriedigenden Gefühl erschöpft zu sein, bleibt auch der Gefühlsabbau von Wut, Zorn und Stress auf der Strecke.

> Welche Möglichkeiten des Stress-, Zorn- und Wutabbaus bieten Sie Ihren Kindern in der Kita an? Kennen Sie Programme wie *Faustlos, Papilio* oder *Stopp*?[2] Und wenn ja, arbeiten Sie mit solchen Programmen? Haben Sie mit den Kindern Ihrer Gruppe schon Streitregeln entwickelt, damit diese wissen, wie sich streiten und wieder vertragen funktioniert? Leiten Sie die Kinder zur konstruktiven Konfliktlösung an, damit sie Strategien erlernen, wie man zu einem Kompromiss oder einer gewaltfreien Lösung finden kann? Diskutieren Sie in Ihrem Team, welche Formen und Angebote Sie den Kindern in Ihrer Einrichtung dazu bieten.

Umweltbedingungen wie Smartphone, Fernsehen, Video, Computerspiele, Umgangssprache, Peergroups, Schule, Nachbarschaft und Gesellschaft, die das Aggressionspotenzial von Kindern klar beeinflussen, fördern häufig aggressives oder gewalttätiges Verhalten bei Kindern oder Jugendlichen bewusst oder unbewusst. Neu hinzukommen zudem die vielen unterschiedlichen Erfahrungen der Kinder, Jugendlichen (und Erwachsenen), die Krieg, Gewalt und Unterdrückung im eigenen Land, auf der Flucht oder in einem Auffanglager erlebt haben und mit diesen Erfahrungen nun in unserem Land leben und unsere Kitas und Schulen besuchen. Darüber hinaus ist immer auch ganz deutlich und vorrangig das Erleben in der eigenen Familie für gewalttätiges Verhalten verantwortlich: Wird in der Familie gewaltfrei erzogen oder nicht?

Jegliche soziale Verhaltensweisen lernen Kinder immer im Umgang mit ihren Eltern, Geschwistern und später anderen Erwachsenen wie Erzieher*innen/ Lehrer*innen usw., Freund*innen und Peer-Groups kennen und übernehmen sie mal mehr und mal weniger. Ob Aggressivität somit negativ und gewalttätig (also destruktiv bzw. zerstörerisch) ist, wird demzufolge durch die Umwelt, aber vor allem durch die Eltern eines jeden Kindes bestimmt. Aus psychologischer Sicht ist Aggression immer dann negativ, wenn andere aktiv oder passiv in ihrem Lebensraum bewusst behindert werden. Bedenken müssen wir hierbei jedoch, dass es im sozialen Miteinander immer nur einen Kompromiss geben kann, da jedes Individuum eine andere Auffassung von bewusster Behinderung im Umgang miteinander zeigt. So ist es für die Kinder häufig sehr schwierig, das jeweils richtige und sozial akzeptierte Maß an aggressivem Potenzial in der entsprechenden Situation zu kennen und einzusetzen.

---

2 Vgl. *Zum Weiterlesen* am Ende des Kapitels.

7.4 Der Umgang mit kindlicher Aggression

Kinder haben eine andere Sprache und nehmen Kommunikation anders wahr. Wir Erwachsene sind in der Regel in Extremsituationen beherrschter, versuchen die Fassung nicht zu verlieren und haben uns meistens unter Kontrolle. Und warum? Weil wir im Laufe der Jahre gelernt haben, mit negativen, unguten Gefühlen umzugehen.

Der entscheidende Punkt ist der, dass wir uns viel differenzierter ausdrücken und uns so natürlich auch ganz anders verständigen können als kleine Kinder. Wir können meistens ganz genau sagen, was uns wütend macht und was wir dabei fühlen – ob wir das dann auch tun, ist eine andere Sache. Es gibt also für Babys, Kleinkinder, Kindergarten- und Grundschulkinder neben der intellektuellen Reife vor allem auch eine sprachliche Barriere und diese führt gerade in schwierigen Konflikten oder Extremsituationen dazu, dass sich die Kinder nicht angemessen verständigen können. Denken Sie vor diesem Hintergrund auch an die vielen Kinder mit Fluchterfahrung und wenig deutschen Sprachkenntnissen. Die mangelnde Fähigkeit, sich angemessen ausdrücken zu können, ist bei fast allen einer der Hauptgründe, warum Kinder oft negativ reagieren, etwa durch Trampeln, Schreien, Schlagen oder Toben. Wenn sie sich ständig unverstanden fühlen und nicht genau sagen können, was sie wollen, wächst in ihnen großer Unmut und extreme Wut. Säuglinge und Kleinkinder sind darüber hinaus oft geradezu darauf angewiesen, über Schreien und andere körpersprachlichen Möglichkeiten zu kommunizieren und ihr Unbehagen auszudrücken. Wir tun gut daran, diese Signale zu entschlüsselten und angemessen sowie zeitnah darauf zu reagieren.

Der Säugling (0–11 Monate) beginnt die Wirkung von Schreien und Weinen wahrzunehmen und ordnet die Reaktionen darauf ein. Babys und Kleinstkinder (12–18 Monate) zeigen aufgrund des Entwicklungsstandes noch kein Fehlverhalten. Gehen Sie bitte grundsätzlich davon aus, dass Ihre Krippenkinder durch störendes Verhalten ihr grundsätzliches Bedürfnis nach Hunger, Müdigkeit, Zuwendung, Angst, Traurigkeit etc. mitteilen, also auf sich aufmerksam machen möchten. Werden diese Verhaltensweisen von Babys und Kleinstkindern (0–18 Monate) von Erwachsenen als störend oder anstrengend erlebt, sollten Sie zuallererst einmal Ihre eigene Befindlichkeit (Stress? Überbelastung? Ärger?) überprüfen.

Für Krippenkinder (ca. 10 Monate bis drei Jahre) ist der Einsatz des Körpers eine selbstverständliche Form der Kommunikation. Das Raufen und Knuffen mit anderen Kindern, das Umherschieben eines Stuhles und Werfen eines Gegenstands wird als lustvoll empfunden und zeigt die eigene Macht, Einfluss auf Dinge und Menschen zu haben, aktiv auf. Alles ist Spiel und zunächst weder

Berechnung noch Provokation oder gar böse Absicht. Die Wirkung ihres eigenen Handelns müssen die Kinder erst noch kennen- und einordnen lernen. Sie nehmen die Konsequenzen ihres Verhaltens zunehmend wahr. Daher sind sie auf eine klare Rückmeldung aus ihrer Umgebung angewiesen. Aber genau das ist meist das Problem: Eltern wie auch Erzieher*innen geben oftmals ungenaue oder unüberlegte Rückmeldungen. Sie schimpfen, lamentieren oder versuchen es mit viel zu langen erklärenden Monologen. Die Kinder sollen daraufhin Verständnis zeigen und dem Erwachsenen für seine Belehrung »danken«. Aber das tun Kinder nicht. Weder zeigen sie Einsicht oder Verständnis, noch bedanken sie sich. Sie reagieren – und zwar prompt, sodass ihr Verhalten noch mehr an Auftrieb gewinnt oder gar eskaliert. Die Kommunikation zwischen uns Erwachsenen und Kindern führt häufig zu Fehlinterpretationen. Es ist wichtig, dass Sie als pädagogische Fachkraft das Verhalten der Kinder richtig einschätzen lernen und zwischen normalem und Fehlverhalten unterscheiden lernen.

Fehlverhalten von Kleinkindern ist z. B. ständiges Quengeln oder permanentes Neinsagen bei Aufforderungen sowie Treten und Schlagen der Erzieher*in, wenn das Kind nicht bekommt, was es will. Häufig fühlen sich unerfahrene Erzieher*innen dann verletzt (»Ich werde nicht akzeptiert.«) oder überfordert (»Ich weiß nicht, was ich noch machen soll.«) und werden dadurch zornig. Sie deuten die Reaktionen und das Handeln der Kinder als negative Absicht: »Du (Erzieher*in) kannst mich nicht zwingen«; »Ich (Kind) sage dir (Erzieher*in), was gemacht wird«. In solchen Situationen sollten Sie sich bitte immer vor Augen führen, dass das Kind nicht Sie persönlich angreifen will, sondern Ihre Macht, dessen Pläne zu durchkreuzen.

Hinter jedem Fehlverhalten steht immer ein Bedürfnis, wie z. B.:
◆ quengeln = Aufmerksamkeit bekommen,
◆ sich verweigern/Nein sagen = Macht ausüben,
◆ beschimpfen = Rache nehmen.

Hinter allem steckt immer das grundsätzliche Ziel, dazuzugehören und Einfluss zu nehmen. Wenn einem Kind das Dazugehören auf positive Weise nicht gelingt, ist es entmutigt und zeigt Fehlverhalten.

Je älter die Kinder werden und je mehr sie an Körperkraft und Größe zunehmen, desto schneller kann ihr Verhalten als Provokation oder Bedrohung erlebt und als böse fehlinterpretiert werden. Und das, obwohl auch hinter diesem Fehlverhalten der Wunsch nach Aufmerksamkeit und Dazugehören steckt.

Stellen Sie sich bitte einen Fünfjährigen vor, der schreit, trampelt, um sich schlägt und sich Ihren Anweisungen widersetzt, also einen Wutanfall auslebt.

> Überlegen Sie anhand dieser Situation, was Sie in solch einem Moment denken und fühlen würden? Wie würden Sie reagieren? Stellen Sie sich diese von mir beschriebene Situation bitte wirklich sehr ausschmückend vor. Horchen Sie in sich hinein. Schreiben Sie einmal auf, welche Gedanken Ihnen gerade durch den Kopf gehen (z. B. »Oh, hoffentlich sieht das keiner«; »Was mach ich bloß, wenn ich die Situation nicht in den Griff bekomme?« …) Und schreiben Sie auf, welche Gefühle sie wahrnehmen? (Ohnmacht, Wut, Angst, Zorn …) Stellen Sie Überlegungen dazu an, was hinter dem Fehlverhalten stecken könnte? Welches Ziel verfolgt das Kind? (Macht, Rache, Angst, Wut, Beweis der eigenen Unfähigkeit …) Wie könnten Sie reagieren? Was wäre für solche Situationen hilfreich?

Es ist unrealistisch, zu erwarten und zu glauben, dass Kinder nie aggressiv sein werden, vor allem, wenn die Heterogenität in der Gruppe extrem hoch ist. Es ist jedoch sehr hilfreich zu wissen, dass diesem Fehlverhalten immer ein Ziel zugrunde liegt. Daher lässt sich aggressives Verhalten durch den Einsatz unterschiedlicher Strategien in der Regel verringern. Prüfen und probieren Sie aus, welche der folgenden Strategien wann sinnvoll sind und welche zu Ihnen passen. So können Sie sich ein gutes Repertoire an Handlungsmustern aneignen, um in verschiedenen Situationen angemessen reagieren zu können.

Bewährt haben sich beispielsweise folgende Strategien:
- Ignorieren (Muss man aushalten können, passt nicht immer.)
- Ignorieren am positiven Modell (Das gewünschte Verhalten wird über andere benannt und aufgezeigt, z. B. »Tom, schau einmal, alle Kinder sitzen schon im Stuhlkreis. Ich bin sicher, dir wird es jetzt auch gelingen, dich hinzusetzen, damit wir anfangen können. Setz dich jetzt hin.«)
- Ablenken (Die Aufmerksamkeit auf eine andere interessante Sache lenken.)
- Aktives Zuhören und Wahlmöglichkeiten anbieten (Das Kind wird beteiligt, bekommt seinen Anteil Macht, fühlt sich ernst genommen, z. B. ein Kind will den Helm beim Fahrradfahren nicht aufsetzen: »Du willst mit dem Fahrrad fahren? Okay, dann musst du den Helm tragen. Wenn du das nicht willst, musst du zu Fuß gehen. Du hast die Wahl. Du kannst es dir aussuchen.«)
- Eine zuvor festgelegte Regel oder Absprache anwenden und die Konsequenz daraus folgen lassen
- Verhalten in Eins-zu-Eins-Situationen unterbinden und eine Auszeit nehmen, sich selbst oder das Kind aus der Situation nehmen, um runterzukommen. Beispiel: Ein Kind trampelt und schreit, weil es seinen Willen nicht bekommt. Reaktion 1: Sie benennen die Situation und gehen danach sofort hinaus: »Also, ich geh jetzt kurz raus, dann kannst du dich beruhigen. Danach

können wir gemeinsam überlegen, wie wir das machen.« (Raum verlassen. Regel: Pro Jahr, das das Kind alt ist, eine Minute, dann wieder reinkommen). Reaktion 2: »Also, wenn du so schreist und trampelst, kann ich nicht mit dir sprechen. Entweder hörst du jetzt auf oder du musst den Raum verlassen.« (Auch hier wieder pro Lebensjahr des Kindes eine Minute.) Bedenken Sie aber bitte, dass Sie dann im Extremfall das Kind auch aus dem Raum bringen (tragen) müssen, wenn es nicht von allein geht. Sie müssen immer das, was Sie aussprechen, auch anschließend tun. Von daher gibt es kein Patentrezept. Prüfen Sie, was realistisch und vor allem machbar ist. (Anspruch und Wirklichkeit)

Es nützt nur wenig, wenn man das Verhalten der Kinder lediglich als unangemessen ansehen und bestrafen würde, anstatt es zu korrigieren. Sie sollten immer darum bemüht sein, das Kind aktiv zu unterstützen, sich in sozial angemessener Weise weiterzuentwickeln. Jedes Kind hat sein eigenes individuelles Temperament, darf erst einmal so sein, wie es ist. Um aber in einer Gemeinschaft zu leben, müssen wir alle – und Kinder im Besonderen – lernen, wie das möglich ist. Wichtig ist hier die Rückmeldung: Du bist (als Mensch) okay, dein Verhalten aber nicht.

7.5 Fallbeispiel: Beißen

Jedes Kind durchläuft Entwicklungsstufen in seinem Tempo und eigenen Stil. In Übergangszeiten, z. B. Eingewöhnung in eine Krippe, Neustart in der Kita oder Umzug in eine neue Wohngegend, Trennung der Eltern usw., kommt es häufig zu unangemessenen Verhaltensäußerungen. Gerade kleine Kinder reagieren aufgrund ihrer noch mangelhaften sprachlichen Kompetenzen mit aggressiven Verhaltensäußerungen, wie z. B. dem Beißen. Das kommt häufig vor, weil die Zeit der Übergänge für viele Kinder am schwierigsten ist. Beißen kann aber besonders bei kleineren Kindern zu einem großen Problem werden, denn zum einen ist es für andere Kinder beängstigend und zum anderen entrüstet es nicht nur die Eltern, sondern auch alle anderen Erwachsenen.

Beißen ist eine Herausforderung, die von jeder Erzieher*in die Fähigkeit verlangt, die Situation gut zu strukturieren. Zuerst müssen Sie beobachten, in welcher Situation das Kind beißt. Dann müssen Sie herausarbeiten, was für diese Situation typisch ist, z. B. Stress oder Wut, Zorn oder Angst. Und dann heißt es: handeln. Sie sollten das Kind zukünftig konkret von solchen Situationen fernhalten oder die Situation so strukturieren, dass das Kind dabei unterstützt wird, sein Verhalten zu modifizieren. Wichtig ist: In der Begleitung des einzelnen Kindes liegt der Schlüssel. Das braucht Zeit und Aufmerksamkeit. Dem Zweieinhalbjährigen beispielsweise in solch einer Situation quer durch den Raum zuzurufen: »Nein Leon, nicht beißen«, macht da wenig Sinn. Eine lange Erklärung oder gar eine Warum-Frage sind sinnlos. Vielmehr ist die liebevolle Zuwendung und das konkrete Begleiten in der Situation wichtig. Die ungeteilte Aufmerksamkeit der Erzieher*in, die ermutigend unterstützt, damit das Kind anders als bislang (also mit Beißen) reagieren kann, ist sehr entscheidend. Wenn das kleine Kind sich sicher fühlt, kann es künftig anders reagieren.

Ältere Kinder (ab vier Jahre) müssen lernen, ihre Gefühle in Stresssituationen in andere Bahnen zu lenken, indem sie diese in Worte fassen. Sie sollten hier das Kind in einem ruhigen Ton direkt auf das Problem ansprechen und sagen, was Sie beobachtet haben, z. B. »Tim, ich habe gesehen, wenn du wütend wirst, beißt du.« Daraufhin sollten Sie mit dem Kind gemeinsam überlegen, wie es anders und besser reagieren kann. Dafür muss dem Kind erst bewusst gemacht werden, was es in der Situation gefühlt hat. Erfragen Sie dies. Bitten Sie das Kind, sich zu erinnern, was es gefühlt hat (Wut, Zorn etc.) und spiegeln Sie für das Kind dessen Äußerungen, indem Sie sie angemessen in Worte kleiden, wie z. B. »Ach so, Liam hat das Auto weggenommen. Und jetzt bist du ganz wütend auf Liam. Mhm …, ich kann verstehen, dass du dich geärgert hast und wütend bist, aber …« Zeigen Sie Verständnis für diese Gefühle, nach dem Motto: Jedes Gefühl ist in Ordnung, aber nicht jedes Verhalten. Suchen Sie mit dem Kind gemeinsam nach Handlungsalternativen, was kann ich tun, wenn ich wütend bin? Bei wem kann ich mir Hilfe holen? Und vielleicht schaffen Sie einen Platz im Gruppenraum, an dem die Wut raus darf, z. B. an einem kleinen Tisch in der Ecke, auf der eine Wutbox[3] steht, in die man hinein brüllen kann, oder auf der eine Zettelbox steht und man die Zettel darin in kleine Stücke zerreißen kann. Oder vielleicht haben Sie auch die Möglichkeit, einen »Wutboxsack« im Flur oder der Turnhalle aufzuhängen, auf den man dann schlagen darf, wenn die Wut zu groß ist und sich Bahn brechen muss. Und manchmal hilft auch ein Wutstuhl. Er steht in der Ecke des Raumes, ist wild bemalt – und wer wütend ist, setzt sich einfach darauf. Kann dann wütend schauen oder eine wütende Haltung einnehmen. So wird jedem Kind aus der Gruppe signalisiert: »Halt Stopp, zu dem Kind brauchst du jetzt nicht zu gehen, der braucht ein wenig Ruhe für sich und will allein sein mit seiner Wut (darüber nachdenken) … sich abreagieren«. In einer Kita, die diese Methode praktizierte, konnte ich miterleben, wie ein Mädchen auf das Kind zuging, nachdem es den Wutstuhl verlassen hatte

---

3 Kann schnell und einfach aus einem alten Schuhkarton mit den Kindern gemeinsam gebastelt und bemalt werden.

und fragte: »Na Jesse, bist du jetzt nicht mehr wütend? Ist deine Wut weg?« Und Jesse gab Folgendes zur Antwort: »Ja, alles weggewütet.«

Und zu guter Letzt: Sprechen Sie mit dem Kind ab, dass es eine Konsequenz geben wird, wenn es wieder in sein altes Verhaltensmuster verfällt, also trotzdem wieder beißt, schlägt oder haut.

> Diskutieren Sie anhand dieses Beispiels, welche Möglichkeiten Sie den Kindern Ihrer Gruppe und Ihrer Kita bieten, um Ihre Wut und Ihren Zorn gezielt abzubauen. Welche Hilfestellungen bieten Sie den Kindern an? Legen Sie offen, welches Verhalten Sie immer wieder an Ihre Grenzen bringt? Und überlegen Sie gemeinsam im Team, wie Sie sich dieser Herausforderung stellen können.

Wenn positiv korrigierende Hilfen fehlen, kann sich ein Kind nicht positiv weiterentwickeln und es besteht die Gefahr, dass es körperliche Auseinandersetzungsformen als das geeignete Mittel zum Durchsetzen von Bedürfnissen abspeichert. Oft sind es aber auch undeutliche Anweisungen, die den Grund für Missverständnisse liefern. Die Anweisungen der Erwachsenen sind für Kinder meist nicht zu verstehen, da sie zu lang, zu pauschal oder zu unklar formuliert wurden.

Ein Beispiel aus dem Kita-Alltag: Eine Erzieherin sitzt mit einem Kind im Lesebereich und unterhält sich. Andere Kinder kommen lautstark hinzu und spielen lärmend in der Leseecke weiter. Die Erzieherin fühlt sich gestört, sagt dieses aber nicht, sondern stattdessen: »Hört auf zu lärmen. Seht ihr denn nicht, dass wir hier ein Buch anschauen?« Vielleicht haben die Kinder in dieser Situation wirklich nicht bemerkt, dass sie stören und reagieren entsprechend lautstark zurück. Wut kommt auf. Besser wäre es gewesen, wenn die Erzieherin klar und deutlich benannt hätte, was in ihr vorgeht und was sie von den Kindern erwartet, z. B. so: »Ich sehe, ihr habt Spaß und seid richtig toll am Spielen. Ich kann bei dieser Lautstärke nicht vorlesen. Das stört mich. Wenn ihr weiterhin laut spielen wollt, geht bitte wieder raus. Wenn ihr leise spielt, könnt ihr hier bleiben.« – Das ist klar, präzise und freundlich formuliert. Keiner braucht wütend zu werden oder muss aggressiv sein.

7.6 Kindlicher Stress: Genug gereizt!?

Neben dem Kommunikationsproblem ist Stress ein weiterer wichtiger Faktor für eine erhöhte Aggressivität bei Kindern. Stress durch zu viele Reize oder durch Über- bzw. Unterforderung.

Beginnen wir zunächst mit dem Stress durch zu viele Reize. Stellen Sie sich folgende Szene vor: Ein fünfjähriges Kind ist in einem Spielzeuggeschäft. Es darf sich für einen bestimmten Geldbetrag eine Kleinigkeit aussuchen. Das Kind ist hin- und hergerissen, rennt von Gang zu Gang, schaut sich alle Dinge an, die ihm zur Verfügung stehen und kann sich nicht entscheiden. Je mehr der Erwachsene von diesem Kind einfordert, eine Entscheidung zu treffen, desto aggressiver wird das Kind. Und warum ist das so? Sie wissen es! Weil wir als Erwachsene gelernt haben, unwichtige Reize von wichtigen Reizen zu unterscheiden und uns entsprechend zu schützen. Wir können selektieren, abschalten und ausblenden. Das gelingt uns zwar auch nicht immer, je nach Gemütszustand und Verfassung, Umgebung oder Unternehmung, aber wir können uns generell leichter auf einen bestimmten Bereich konzentrieren, blenden dann mehr oder weniger die Musik, die fremden Leute, das schreiende Baby an der Kasse, die hektischen Verkäufer*innen, die Lichter und Leuchtreklame usw. aus und selektieren alle Dinge, die für den zur Verfügung stehenden Geldbetrag nicht oder aber infrage kommen. Und das Kind? Es nimmt alles auf einmal auf und hat zunehmend Schwierigkeiten, sich auf eine bestimmte Sache zu konzentrieren, da es von all jenen eben genannten Faktoren abgelenkt wird. Außerdem muss es parallel dazu noch eine Entscheidung treffen, für welches Spielzeug es sich entscheiden möchte, und ist somit in diesem Moment schlichtweg überfordert.

Zu viel Auswahl macht unglücklich

Woran liegt das? Kleine Kinder nehmen alle Eindrücke und Reize ungefiltert auf und können sich noch nicht so gut entscheiden. Dies führt schnell zur absoluten Überbelastung und erzeugt bei Kindern Stress, da sie die große Menge der Eindrücke, die Geräuschkulisse, das viele Spielzeug verarbeiten müssen. Doch dazu ist ihr Gehirn in der geforderten Komplexität einfach noch nicht in der Lage. Außerdem steht die Verarbeitung der Eindrücke im Widerspruch zur Erfüllung der eigenen Bedürfnisse und Wünsche. So erzeugt diese Situation im Kind Stress und führt zu Wut und letztendlich zu aggressivem Verhalten: Nörgeln, quengeln oder gar wütende oder trotzige Reaktionen, wie das Schlagen der Mutter, sich verstecken und weglaufen, etwas aus dem Regal reißen und wegwerfen, können die Folge sein.

Dieses Beispiel lässt sich ansatzweise auch auf den Kita-Alltag übertragen. Prüfen Sie in diesem Zusammenhang einmal die Ausstattung, Fülle, Ordnung und Wirkung Ihrer Gruppe sowie die Struktur und Angebote der Tagesplanung.

Ebenso wie zu viele Reize führen aber auch zu wenige oder gar keine Reize bei unseren Kindern zu aggressivem Verhalten. Kinder, die in einem sehr reizarmen Umfeld leben, keine Anregungen erhalten und nicht beachtet werden, zeigen oft wenig Fantasie und Kreativität, langweilen sich und fühlen sich unterversorgt. Sie werden vielleicht auch auf Dauer wütend und aggressiv, weil ihnen und ihren Interessen keine Aufmerksamkeit geschenkt werden. Daher sollte in jedem Kinderzimmer ein gewisses Angebot an Spielmaterial, Büchern, Malutensilien und dergleichen zur Befriedigung der kindlichen Bedürfnisse vorhanden sein. Wobei es in der Regel eher ein Zuviel ist und die Kinderzimmer überquellen – vor allem mit Plastik- oder Medienspielzeug. Eine gesunde Balance zwischen zu viel und zu wenig orientiert sich an den Bedürfnissen und dem Entwicklungsstand der Kinder und trägt zu einer gesunden Entwicklung bei. Besprechen Sie dies mit Eltern proaktiv und kommen Sie mit den Eltern über folgenden Satz ins Gespräch: »Weniger ist oft mehr!« Anstatt die Kinder ständig mit zu vielen Angeboten zu berieseln, hilft es, Phasen der Stille und des bewussten Zur-Ruhe-Kommens in den Kita-Alltag einzubinden. Sie brauchen nicht drei oder vier Vorschulprogramme anzubieten. Wählen Sie lieber ein gutes aus, welches zum Profil der Kita passt oder die pädagogische Arbeit mit einem besonderen Schwerpunkt bereichert. Gleiches gilt für die Spielmaterialien: Statt unzähligen verschiedenen Spielen, Puzzles und Materialien besser einige wenige, gut sortierte, aufgeräumt und ordentlich präsentiert zur Verfügung stellen.

7.7 Über- und Unterforderung von Kindern

Kinder, die ständig Aufgaben erledigen müssen, die für ihren Entwicklungsstand nicht geeignet sind, die Verantwortung übernehmen müssen, obwohl sie es noch nicht können (z. B. »Pass mal eben auf den Kleinen da auf.«), fühlen sich mit diesen übertragenen Aufgaben oft überfordert und erleben diese Aufgabe als Belastung. Die eigene Ohnmacht, mit der Aufgabe nicht fertig zu werden und die permanente Konfrontation mit den eigenen Grenzen bzw. Schwächen kann Kinder auf Dauer ebenfalls wütend und aggressiv machen. Genauso verhält es sich bei Spielmaterialien, die eigentlich für ältere Kinder konstruiert und erdacht wurden, aber jüngeren Kindern zugemutet werden. Dies ist häufig bei Eltern ein Problem, da sie es entweder (zu) gut meinen oder ihr Kind schlichtweg falsch einschätzen, nach dem Motto: »Der Kleine ist schon so weit.«

Was passiert bei Unterforderung? Kindern, denen man ständig nichts zutraut, die man klein hält und deren Fähigkeiten man unterschätzt, fühlen sich durch die permanente Unterforderung nicht ernst genommen. Auch sie werden häufig auf Dauer wütend und aggressiv. Weil Kinder aber, wie vorhin erwähnt, nun einmal nicht differenziert und genau beschreiben, warum sie wütend, ärgerlich oder aggressiv werden können, zeigen sie ihren Unmut durch ihr Verhalten. Jedes (Fehl-)Verhalten ist eine kindliche Aussage. Wir müssen uns immer wieder bemühen, das Ziel des Fehlverhaltens oder der Aussage, die dahinter steht, zu identifizieren, um angemessen und richtig darauf zu reagieren.

> Prüfen Sie, inwiefern die Umgebung in Ihrer Einrichtung – Angebote und Aktivitäten, Ausstattung und Einrichtung, Material und Tagesablauf – zu störendem Verhalten der Kinder beitragen können. Überlegen Sie aber auch, welche Ihrer persönlichen Ressourcen (Ihr Sinn für Humor, Ihre Geduld, Ihre Fähigkeit Abstand zu nehmen, Ihr Geschick in der Lösung von Problemen, Ihr analytischer Verstand, Ihre gute Beobachtungsfähigkeit oder Aufmerksamkeit, Ihr Sinn für Gerechtigkeit etc.) zur Lösung von Problemen und im Umgang mit störendem Verhalten oder zum Abbau von kindlichem aggressivem Verhalten beitragen kann? Welche Kompetenzen besitzen Sie?

7.8 Trotz – ein Entwicklungsfortschritt!

Trotz beginnt mit der Entdeckung des eigenen Ichs. Sobald das Kind sein Ich entdeckt hat, will es diesen Status auch ausprobieren und erkunden. So ist der Trotz eigentlich ein positives Signal für einen Entwicklungsfortschritt und auch gleichsam ein Auskunftsverhalten: Das Kind hat sich auch kognitiv weiterentwickelt. Es hat sich als Individuum entdeckt. Diesen Zeitpunkt können wir festmachen, wenn das Kind von der dritten in die erste Person wechselt, wenn es also selbst von sich als *Ich* spricht. Die Autonomiephase des Kindes beginnt.

Dieses erstaunliche Ereignis der Selbstentdeckung ist für uns Erwachsene das erkennbare Zeichen, dass das Kind von jetzt an Einfluss nehmen wird, um seinen Statuts zu erproben.

Die Kinder beginnen ca. mit ihrem zweiten Lebensjahr, sich als eigenständige Person zu entdecken. Zu diesem Streben nach Selbstständigkeit gehört trotziges Verhalten dazu und ist positiv für die Entwicklung. Aus entwicklungspsychologischer Sicht ist das spontane Handeln der Kinder, das sofortige Habenwollen, ein Streben nach unmittelbarer Bedürfnisbefriedigung und das trotzige Auflehnen eine Form von Selbstjustiz. Jeder Mensch sehnt sich danach, in seiner Familie geborgen und angenommen zu sein, möchte wertgeschätzt, respektiert und in seiner Person akzeptiert werden und somit auch Einfluss (Macht) ausüben. Dieses Grundbedürfnis nach Geltung und Einflussnahme spiegelt sich leider oft in den sogenannten Machtkämpfen in der Familie oder auch in der Kita wider, wenn Eltern oder Erzieher*innen das herausfordernde Verhalten der Kinder als Provokation (und nicht als Frage) verstehen.

Einige erleben diese Phase auf dem Weg in die Selbstständigkeit als sehr belastend und anstrengend. Umso wichtiger ist es, dass wir als Erzieher*innen versuchen sollten, den Kindern mit Geduld, Wohlwollen sowie Verständnis zu begegnen, ihnen aber auch klar und verbindlich entgegenzutreten, da zeitgleich die Entwicklung des Gewissens beginnt. So erlebt und begreift das Kind konkret, was gut und böse ist und welche Reaktionen sein Verhalten bzw. sein Tun beim Erwachsenen auslöst: entweder Anerkennung und Lob oder Ablehnung und Schimpfen/Strafe.

In dieser anstrengenden Phase erkundet zu allem Überfluss das Kind auch noch gleichzeitig die Ernsthaftigkeit und Glaubhaftigkeit der ihm gesetzten Grenzen und hinterfragt durch sein Verhalten: »Was darf ich – und was darf ich nicht?«; »Was ist ernsthaft verboten und was wirklich erlaubt?« Und auf all diese Fragen braucht das Kind eine klärende Antwort.

7.9 Gewaltfreie Erziehung – ein Recht aller Kinder

Alle wissen das, und dennoch rutscht einigen Eltern selbst heute noch hier und da die Hand aus, oder ein Kind wird gerüttelt und geschüttelt. Zudem ist es in einigen Kulturen nach wie vor normal, dass man Kinder züchtigt und sie körperlich bestraft, wenn sie nicht das tun, was der Erwachsene will. In Deutschland und auch in vielen anderen Ländern ist die körperliche Züchtigung von Kindern verboten. Mehr noch, jedes Kind hat das Recht auf eine gewaltfreie Erziehung. Daher gibt es die Charta der Menschenrechte. Und Kinder haben zudem besondere Bedürfnisse in Bezug auf ihre Förderung, ihren Schutz, ihre Mitbestimmung und ihre Entwicklung. Darum hat die UNO vor mehr als 25 Jahren die UN-Konvention über die Rechte des Kindes verabschiedet. Verbunden mit der Fluchtwelle und dem hohen Anteil unterschiedlicher Kulturen in vielen unserer Kitas ist es wichtig, dass wir diesem Recht aller Kinder eine hohe Bedeutung zukommen lassen.

Dass man Kinder zudem oft viel wirkungsvoller mit Worten treffen kann als mit Taten, wissen Sie vielleicht auch aus ureigener Erfahrung. Umso mehr verwundert es mich, dass ich in einigen Kitas immer noch vielfältige, negative verbale Reaktionen auf Verhaltensweisen von Kindern erlebe. Dabei führen lautes Schreien, Schimpfen oder gar Aussperren nur zu einer kurzfristigen Verhaltensänderung, da sie die Bedürfnisse der Kinder lediglich unterdrücken. Wenn dann nur kaum oder gar keine Erläuterungen erfolgen, entsteht in dem Kind auch keine Einsicht und Motivation, sein Verhalten wirklich zu ändern. Dies führt dazu, dass sich das Kind in späteren Situationen, in denen das Gewaltverhältnis bei ihm keine Angst mehr auslöst, sich weiterhin wie früher unangemessen verhalten wird. Es droht die Gefahr einer Gewaltspirale mit immer härteren Strafen. Außerdem hat das Kind eine Art von negativer Aggression bei Erwachsenen kennengelernt, abgespeichert und somit auch erlernt.

Um dem zu entgehen, gibt es eine Faustregel: Das Verhalten von Kindern, dem starke Beachtung geschenkt wird, verstärkt sich (auch negatives Verhalten), d. h., es tritt in Zukunft häufiger oder ausgeprägter auf. Demgegenüber wird ein Verhalten weniger häufig und schwächer ausgeprägt auftreten, wenn wir es ignorieren oder ihm so wenig Beachtung wie möglich schenken.

Durch lautes Schimpfen oder Meckern können wir unerwünschte Verhaltensweisen zwar vorübergehend unterdrücken und unterbinden, aber diesem schlechten Verhalten wird in dem Moment auch sehr, sehr viel (zu viel) Aufmerksamkeit geschenkt und weckt im Kind zahlreiche Gefühle, wie Angst, Wut, Enttäuschung und Ohnmacht.

Wenn Sie sich an dieser Stelle noch einmal vor Augen führen, dass Aggressionen erlernbar sind, dann ist logischerweise auch der Abbau von Aggressionen erlernbar. Dazu müssen Sie auf der einen Seite immer auch Ihren eigenen Erziehungsstil, also das Vorbildverhalten, genau betrachten und auf der anderen Seite Kindern die Möglichkeit geben, aktiv Aggressionen abbauen zu können, z. B. durch viele Bewegungs- und Spielmöglichkeiten zum Raufen und Kräftemessen, durch wildes lustvolles Spiel in der Turnhalle oder im Außengelände, durch (Wut-)Boxsäcke, Wutschachteln, Wettspiele und viel Freiraum etc.

Wenn Kinder älter werden, beispielsweise ab viereinhalb Jahre, sollten Sie verstärkt versuchen, Konfliktlösungsstrategien mit ihnen zu erarbeiten. Das heißt, Sie entwickeln mit den Kindern in Ihrer Gruppe Streitregeln und erklären bzw. besprechen, wie Streiten funktioniert, wie man also einen Konflikt positiv angeht und aushält. Kinder lernen ganz natürlich über das Streiten, wie Streiten geht. Damit sie aber positive Erfahrungen in Konfliktsituationen sammeln können, müssen wir als Erzieher*in ihnen anfänglich als Schlichter*in und Moderator*in zur Seite stehen und Möglichkeiten zum Ausprobieren bieten. Je mehr wir als Erwachsene Kinder anregen, über die eigenen Gefühle zu sprechen, sie sozusagen über Spiele und Erfahrungsmöglichkeiten zum Thema machen, umso mehr und besser werden Kinder auch mit der Zeit in der Lage sein, eigenständig über ihre Gefühle zu sprechen. Wenn wir erreichen wollen, dass Kinder positiv streiten, also friedvoll einen Konflikt lösen lernen, dann müssen wir ihnen nicht nur ein gutes Vorbild sein, sondern ihnen auch dabei helfen.

7.10 So wenig Konflikte wie möglich und so viele wie nötig

Streit und Konflikte gehören nun einmal zum Leben dazu. Konflikte sind sozusagen vorprogrammiert – menschliches Miteinander verläuft nicht nur im harmonischen Einklang. Gegensätzliche Interessen und unterschiedliche Haltungen führen automatisch zu Konflikten. Kinder fordern uns in diesem Zusammenhang besonders heraus. So brauchen Kinder realistische Vorbilder, an denen sie sich orientieren und reiben können. Denn Reibung erzeugt Wärme und Wärme lässt Bindungen spürbar werden. Kinder müssen auch einmal mitbekommen und erleben, wie Erwachsene sich reiben (d. h., mit Streit und Auseinandersetzungen umgehen). Hier können sie sich etwas abschauen, um das Verhalten nachzuahmen.

Wenn Kinder erleben, wie sich auch einmal Erzieher*innen (z. B. Jutta und Melanie) streiten, dass Jutta lauter wird als sonst und auch Melanie anders reagiert, dass beide »böse« werden und die Wörter nur so aus ihren Mündern prasseln, dann erfahren Kinder ein Gewitter der Gefühle. Wenn sie dann aber erleben, wie sich Jutta und Melanie wieder annähern und im Beisein der Kinder klären, was gerade passiert ist, erleben Kinder, dass Streit sein darf, schreien und laut werden aber wenig hilfreich sind, um einen Streit zu meistern. Kinder müssen erleben, was Streiten heißt und wie Streiten geht. Damit ist nicht gemeint, dass Sie sich lauthals mit Ihren Kolleg*innen in der Gruppe vor den Kindern fetzen sollen. Aber beachten Sie bitte, dass Kinder sehr feine Antennen haben und ohnehin mitbekommen, wenn etwas unausgesprochen in der Luft hängt. Seien Sie lieber ehrlich und riskieren ein kurzes Wortduell (aber bitte keine Theatralik, langatmige Szenen oder unnötige Kraftausdrücke). Danach ist es jedoch wichtig, dass sie das mit den Kindern besprechen. Natürlich können auch Themen der Kinder zu Streitvorbildern werden, die man in der Kleingruppe oder mit einem Handpuppenspiel aufgreifen und bearbeiten kann.

Um Kinder anzuleiten, wie ein Streit sinnvoll angegangen werden kann, könnte man beispielsweise mit ihnen gemeinsam Streitregeln überlegen und aushandeln oder auch im Rollenspiel mit ihnen gemeinsam dieses erarbeiten. Über Fotos können die Regeln für die Kinder an einem Plakat visualisiert werden. Hier einige Ideen dazu:

- ◆ Niemand darf einen anderen schlagen oder verletzen.
- ◆ Es werden keine Schimpfwörter benutzt. (Alternativen aufschreiben, wie Wut sich entladen kann, z. B. statt »Du Blödmann!« – »Ich bin sauer auf dich!«)

- Wir lassen einander aussprechen. (Es wird sich aber kurzgefasst.)
- Es redet immer nur einer, die anderen hören zu.
- Jeder sagt, was sein persönliches Interesse, sein Wunsch, Bedürfnis oder Anliegen ist.
- Wenn wir jemanden verletzt haben, weil wir sehr wütend waren, entschuldigen wir uns und machen es wieder gut.
- Jeder sollte einen Vorschlag zur Problemlösung machen dürfen und alle Ideen zur Konfliktlösung werden aufgeschrieben.
- Wir suchen gemeinsam einen Kompromiss.
- Wir treffen eine gemeinsame Entscheidung. Alle müssen sich an die Lösung halten, verbindlich!
- Gemeinsam überlegen wir, was passiert, wenn sich jemand nicht an die Absprachen hält (Konsequenz).

Alternativ kann man auch mit zwei Plakaten arbeiten. Auf einem grünen (Ampelsystem) kleben Fotos, die aufzeigen, was man alles darf, z. B. wenn man Streit mit jemandem hat oder wütend ist – sagen, dass man wütend ist, sich Hilfe holen, ein größeres Kind fragen, den Boxsack nutzen, Papier zerreißen, sich auf den Wutstuhl setzen, eine*n Erzieher*in holen etc. Auf dem roten Plakat sind Fotos mit Verhaltensweisen zu sehen, die nicht erlaubt und unerwünscht sind wie z. B. schlagen, schubsen, ein Spielzeug wegnehmen, Schimpfwörter benutzen, beißen usw. Sehr einfach, selbsterklärend und effektiv.

Wenn Kinder richtig Streiten lernen und gleichsam Zeit zum intensiven, körperbetonten Spiel erhalten, können sich Aggressionen reduzieren. Voraussetzung ist natürlich, dass Kinder generell gewaltfrei erzogen werden, d. h., dass Eltern keine Gewalt (Schläge, Klapse, Ohrfeigen usw.) anwenden und Kinder keinen gewalttätigen Filmen und Sendungen sowie Computerspielen ausgesetzt werden.

Medien, insbesondere das Fernsehen und die damit oft verbundenen Spielkonsolen, fördern leider nicht unerheblich die Gewaltbereitschaft von Kindern, vor allem bei Jungen, da sie Gewaltszenen verharmlosen und den Gewalttätigen häufig als »Held« darstellen. Natürlich gibt es im Umgang mit kindlichen Aggressionen keine Patentlösung. Aber es gibt Wege, die Sie den Kindern anbieten können, damit sie mit den eigenen Gefühlen (ihrem aggressiven Verhalten) besser umzugehen lernen. Der Grundsatz lautet: »Jedes Gefühl ist okay, aber nicht jedes Verhalten!«

Das folgende Modell bietet Hilfe bei der Reaktion auf handgreifliche Konflikte.

1. Schritt *Bestätigung*: »Ja, ich kann verstehen, dass du sauer und wütend bist – aber ...«

2. Schritt *Reaktion:* »Es ist besser du sagst, was du fühlst, als dass du schlägst. Sonst weiß nämlich keiner, warum du das machst!«
3. Schritt *Verhalten:* Das Kind/die Kinder aus der Situation herausnehmen. Danach schlichten, fair sein und gemeinsam Lösungen finden.
4. Schritt *Vorbild:* Persönliches Verhalten unter den Aspekten »Wie soll das Kind Streitkultur erleben?«, »Was soll das Kind lernen, damit es in Zukunft in einem Konflikt positiv vom Streitverhalten profitieren kann?« berücksichtigen.
5. Schritt *Aggressionsabbau und Reduktion:* Zu guter Letzt müssen Kinder die Möglichkeit zum Abbau ihrer Aggressionen und Wut erhalten. Denn Wut tut gut und Aggressionen dürfen sein. Allerdings müssen Kinder lernen, gekonnt und kontrolliert damit umzugehen. Dies können wir als Erzieher*innen ein Stück weit erreichen durch: ausreichend Platz und Zeit zum Toben (Außengelände, Turnhalle), ausreichend sportliche Betätigung ermöglichen, Langeweile reduzieren, Struktur des Gruppenraumes und Materialauswahl überprüfen, Kooperation einüben, z. B. Wahlmöglichkeit bei Konsequenzen/ Mitteilen von Gefühlen/gemeinsame Problemlösungen finden/Situationen reduzieren, die immer wieder zum gleichen Konflikt führen und letztendlich die Kinder loben, wenn es ihnen gelungen ist, einen Konflikt friedlich zu lösen. Finden Sie viele Wege, um häufiger Ja als Nein zu sagen und somit häufiger positiv zu verstärken als negativ.

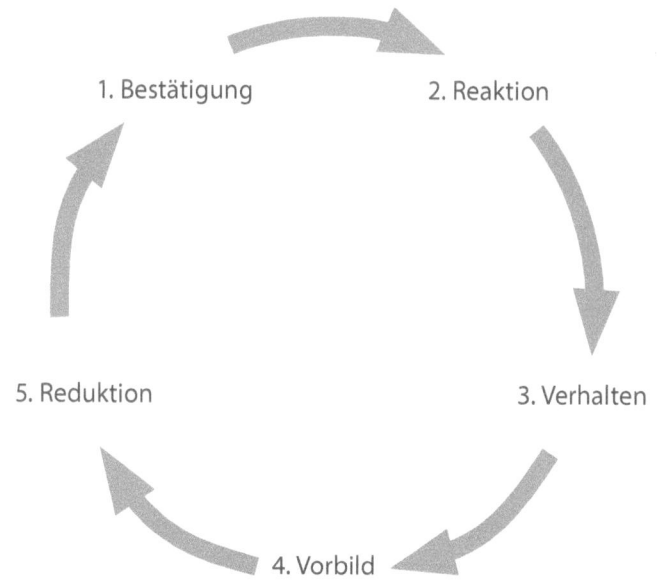

Abb. 1: Reaktionsmodell bei handgreiflichen Konflikten zwischen Kindern

Zum Weiterlesen

Armbrust, J./Savvidis, M./Schock V. (2012): Konfliktfelder in der Kita. Göttingen
Brisch, K. H./Hellbrügge, T. (Hg.) (2015): Bindung, Angst und Aggressionen. Theorie, Therapie und Prävention. Stuttgart
Hendrich, A. (2016): Kinder mit Migrations- und Fluchterfahrung in der Kita. München
Hofbauer, C./Schmidt, H. W. (2016): Kinder mit Fluchterfahrung in der Kita. Leitfaden für die pädagogische Praxis. Freiburg
Hurrelmann, K./Unverzagt, G. (1999): Kinder stark machen für das Leben. Freiburg
Juul, J./Szöllösi, I. (Hg.) (2014): Aggression. Warum sie für uns und unsere Kinder notwendig ist. Frankfurt a. M.
Krowatschek, D. (2004): Wut im Bauch. Aggressionen bei Kindern. Düsseldorf
Portmann, R. (2004): Gewalt unter Kindern. München
Preuschoff, G. (1999): Wenn Kinder die Wut packt. Freiburg
Rogge, J.-U. (2007): Kinder dürfen aggressiv sein. Hamburg
Rogge, J.-U./Mähler, B. (2002): Lauter starke Jungen. Hamburg
Rumpf, J. (2002): Schreien, schlagen, zerstören. Mit aggressiven Kindern umgehen. München
Schirmer, B. (2011): Herausforderndes Verhalten in der KiTa. Zappelphilipp, Trotzkopf & Co. Göttingen

MANCHMAL BRAUCHT MAN SUPERKRÄFTE – KEINE ANGST VOR TRAUER, TOD UND KINDERÄNGSTEN

8 Manchmal braucht man Superkräfte – keine Angst vor Trauer, Tod und Kinderängsten

Am richtigen Ort zu sein heißt manchmal, in Gedanken zu sein.
Elke Schlösser[1]

Nicht erst seitdem viele Kinder mit Fluchterfahrung zu uns in die Kitas kamen, wurden die Themen Angst, Verlust, Trauer und Tod auch in unsere Einrichtungen getragen. Die existentiellen Fragen der Kinder nach dem Sinn des Lebens, der Geburt und dem Tod waren schon immer da. Spätestens dann, wenn der Hamster oder der Familienhund stirbt, gar der geliebte Opa. Dann sind sie da, unaufhaltsam, eindringlich, tiefgründig, die vielen Fragen der Kinder rund um das Thema Sterben, Abschiednehmen und Trauer. Doch auch bei jeder Eingewöhnung stehen das Abschiednehmen, das Loslassen, die Angst, die Trauer und der Verlust im Mittelpunkt. Daher haben sich, gerade auch mit Blick auf die Krippen, fast alle Kitas ein sensibles und kindorientiertes Eingewöhnungskonzept erarbeitet. Der Aufbau von Bindung durch Bezugserzieher*innen soll dabei die tragende Säule sein, um die (Verlust-)Ängste der Allerkleinsten abzubauen, damit ein Loslassen von der vertrauten Bezugsperson hin zu einem Einlassen auf die neue Bezugsperson gelingen kann. Und auch die Eltern des kleinen Kindes haben Angst, brauchen eine individuelle Begleitung, geben sie doch das Kostbarste, was sie haben, in die Hände fremder Personen. Sie wollen das Beste für ihr Kind, können daher kaum oder schlecht aushalten, wenn dieses beim ersten Trennungsversuch weint, und zögern das Weggehen oft extra lang hinaus. Manchmal weinen auch die Mütter, senden dadurch ambivalente Signale ans Kind, sodass es verunsichert wird und ein scheinbar schon gut begonnener Prozess ins Stocken gerät. Ja, Ängste können lähmen und logisches Handeln zunichte machen.

Bei Familien mit Fluchterfahrung ist das Abgeben des eigenen Kindes an Fremde in vielen Fällen um ein Vielfaches noch schwerer, haben sich diese Familien doch ganz häufig auf der Flucht versprochen, sich nie wieder zu trennen und immer zusammen zu bleiben. Kaum in Deutschland angekommen und erst kurz im Wohnlager, heißt es dann: »Geben Sie das Kind am besten recht früh in eine Krippe/eine Kita, damit es Deutsch lernt.« Was für uns scheinbar eine »tolle« Lösung für das Kind darstellt, kommt es doch mit anderen Gleichaltrigen zusammen und vor allem raus aus den oft sehr kinderunfreundlichen

---

1 Schlösser, E. (2013): Sinnsprüche, Aphorismen, heilende Worte in einem Satz. Aachen, S. 53.

Auffanglagern, entpuppt sich für viele Familien als Drama und Wiederholung der schmerzlichen Verlust- und Trennungserfahrung. Die Angst, die geliebte Mama nicht wiederzusehen, »frisst« das Kind in den ersten Tagen fast auf, lähmt es und macht das Einlassen auf die anderen Kinder und neuen Situationen in der Kita fast unmöglich. Manches Mal konnte ich miterleben, dass diese Kinder sich dann erst einmal einen Platz unter einem Tisch, in einer Raumecke, hinter einem Vorhang suchten, um sich »wegzunehmen« und nur zu beobachten, sich abzusichern. Ängste können lähmen, traurig und verschlossen machen, die Entwicklung eines Kindes und auch Erwachsenen negativ beeinflussen. Pädagogische Fachkräfte sollten hier sehr sensibel, achtsam, feinfühlig und wachsam sein sowie reagieren.

Alle Menschen haben Ängste. Sie gehören zum Leben dazu und haben eine wichtige Orientierungsfunktion. In erster Linie dienen sie dem Selbstschutz und helfen, Gefahren aus dem Weg zu gehen. Dieser Schutzmechanismus ist Jahrtausende alt, denn nur diejenigen von unseren Vorfahren, die zum richtigen Zeitpunkt Angst vor lauten Geräuschen, großen Höhen oder vor Raubtieren hatten, überlebten. Dieses Erbe, also die Neigung Angst vor etwas Unbekanntem oder Gefährlichem zu haben, tragen wir alle in uns. Beispiele dafür in unserer heutigen Zeit sind: Angst vor Schlangen, Höhenangst, Angst vor der Dunkelheit und lauten Geräuschen und natürlich die Angst vor Tieren mit großen Zähnen. In der Neuzeit quälen uns aber auch andere Ängste, wie z. B. die Angst zu versagen, Angst vor Blamage und Beschämung, Angst den Job zu verlieren, das Ziel nicht zu erreichen oder überfallen und ausgeraubt zu werden, Angst vor Überschwemmung und Feuer, Erdbeben und Krieg. Je nachdem, wo man lebt, kommen Ängste hinzu, wie z. B. gefoltert, entführt oder ermordet zu werden. Ängste gibt es in zig verschiedenen Formen und sie zeigen sich ebenso unterschiedlich.

Kein Wunder also, dass wir die Angst trotz ihrer wichtigen Orientierungsfunktion nicht als Glücksempfindung wahrnehmen, sondern vielmehr als Belastung, da sie uns irritiert und uns in unseren Lebensvollzügen beeinträchtigt. In der Liste der bevorzugten Gefühle stehen die positiv besetzten wie Freude, Zufriedenheit, Glück, Stolz und Zuversicht an erster Stelle. Am traurigen Ende erhält die Angst ihren Platz. Dabei hat sie doch, wie eben erläutert, eine wichtige und schützende Funktion. Sobald die Angst auftaucht, wird sie bearbeitet, verleugnet oder schlichtweg unter den Teppich gekehrt. Dabei brauchen wir sie, um Gefahren zu erkennen und diesen aus dem Weg gehen zu können.

Auch Kinder brauchen ein gewissen Maß an Angst, beispielsweise um nicht mit jedem*jeder Fremden mitzugehen oder die Hand in das Maul eines Hundes zu stecken, um nicht einfach von einem hohen Gegenstand oder Treppenabsatz herunterzuspringen oder über die befahrene Straße zu laufen, um generell auf gefährliche Situationen aufmerksam zu werden.

Da die Angst zu unseren Gefühlen gehört und eine schützende Alarmfunktion hat, zeigt sie sich. Sie drängt sich auf und beeinflusst unsere Stimmung. Misstrauisch und argwöhnisch wird die Angst von uns betrachtet, denn sie verändert unser Verhalten. Sie drückt aufs Gemüt, lähmt, macht unsicher und nervös, geht unter die Haut, zeigt sich auf der Hautoberfläche in verräterischer Röte oder Blässe, lässt Hände schwitzen oder erkalten. Einer bekommt eine Gänsehaut, die andere Bluthochdruck, die Luft zum Atmen staut sich beim Dritten im Hals. Ein jeder von uns kennt daher auch Vergleiche wie: »Die Angst sitzt uns im Nacken« oder »Das schlägt uns auf den Magen.« Wenn es ganz heftig kommt, wandert die Angst in den Körper und bringt die Hände zum Zittern, die Zähne zum Klappern, lässt die Knie weich werden, lähmt und macht handlungsunfähig.

8.1 Ängste der Erwachsenen

Angst blockiert auch ganz oft unser logisches Denkvermögen, sodass uns gute Argumente oder Lösungsansätze einfach nicht einfallen wollen. Denken Sie in diesem Zusammenhang beispielsweise an eine Gesprächssituation, in der Sie verbal angegriffen wurden und mit dem Rücken zur Wand standen. Ihr Herz schlug schneller, die Hände wurden feucht, die Luft blieb weg und somit auch die Worte. Ihnen fiel keines ihrer gut zurechtgelegten Argumente mehr ein. Und warum? Weil Sie Angst hatten. Erst als die Situation beendet war, Sie wieder auf dem Flur standen und sich von dem Ort entfernten, fielen ihnen auf einmal wieder eine Handvoll guter Argumente ein, die Sie eben hätten vortragen können, nach dem Motto: »Mensch, warum ist mir das denn eben nicht eingefallen?« oder »Ach, das hätte ich doch sagen können.«

Der gerade beschriebene Prozess der inneren Blockade läuft ganz unwillkürlich ab. Es ist nicht möglich, ihn zu kontrollieren. Deshalb fühlen wir uns handlungsschwach und eingeengt, geradezu ohnmächtig, werden wütend auf uns selbst oder meiden Situationen, die in uns solche Reaktionen auslösen. Erst wenn wir uns ganz konkret mit solchen angeborenen Vorgängen auseinandersetzen und Strategien entwickeln, wie wir solche Situationen meistern können, bekommen wir unsere eigene Angst in den Griff. Fatal wäre es für unsere Entwicklung, würden wir solche Situationen in der Zukunft meiden.

Reflektieren Sie, welche Situationen Ihnen Angst machen und wie Sie damit umgehen. Nehmen Sie sich ein konkretes Beispiel heraus und analysieren Sie zum einen, was genau in jener Situation, die Ihnen Angst macht, abläuft und was die Ursache der Angst ist. Nun überdenken Sie bitte Ihren

> inneren Dialog, den Sie in solchen Momenten mit sich selbst führen. Sind diese Gedanken für Sie hilfreich oder eher nachteilig? Lösen die Gedanken positive oder negative Gefühle aus? An was könnten Sie stattdessen denken? Was wäre eine gute Strategie für Sie? Und welche Strategie bieten Sie Kindern an, wenn Sie deren Ängste spüren und erleben?

Um Ängste auszuschalten, müssen wir unsere Gedanken über die Situation verändern. Unbewusste Gedanken sind immer stärker als bewusste, weil wir mit den unbewussten Gedanken automatisch ein positives oder negatives Gefühl verbinden. Die negativen Gefühle hindern uns, von daher müssen sie im Unterbewusstsein (im inneren Dialog) verändert werden, damit sie uns nützen. Wenn Sie in einer Situation sind und merken, die Angst kriecht in Ihnen hoch, weil beispielsweise die Gegenseite schlagfertige Argumente vorbringt, halten Sie kurz inne und machen Sie sich bewusst, was Sie in diesem Moment denken. Betrachten Sie also Ihren eigenen inneren Dialog. Fragen Sie sich:»Ist es hilfreich, was ich denke? Oder eher nachteilig, wie z. B. ›Oh, die ist ja viel schlauer als ich‹; ›Ich kann das nicht‹; ›Ach, wie dumm von mir‹; ›Klar, dass der das sagt, ich bin auch echt nicht fähig‹ usw.«

Solch ein innerer Dialog nützt Ihnen gar nichts und führt nur weiter in die Sackgasse. Er schürt die Angst vor bzw. in der Situation. Versuchen Sie in solchen Situationen doch künftig einmal folgende Strategie: Wenn Sie sich bei solchen Gedanken ertappen, rufen Sie innerlich »Stopp!« Fragen Sie sich: »Was passiert hier gerade?«; »Was denke ich denn von mir?«; »Hilft mir das?« Wenn Sie das verneinen und sich parallel dazu die Situation genauer anschauen (was passiert konkret?), wird Ihnen schnell deutlich, dass Sie in der Situation Ihr Denken gegen sich richten. Wenn Sie das erkannt haben, übernehmen Sie automatisch wieder die Kontrolle und können Ihr Denken verändern, indem Sie sich auf sich selbst konzentrieren, ruhig durchatmen und innerlich bis zehn zählen. Sie können sich dann stärken, indem Sie sich sagen: »Ich kann auf mich und meine Fähigkeiten vertrauen!«; »Ich weiß, was ich kann.« oder »Ich werde jetzt ein gutes Argument vorbringen.« Mit solch einem positiven inneren Dialog stellt sich auch ein positives Gefühl ein. Sie entspannen sich und werden spüren, wie auch Ihr logisches Denken wieder besser funktioniert und Ihnen folglich auch gute Argumente einfallen. Wenn wir unser Denken, unseren inneren Dialog nicht beherrschen, beherrscht er uns. Kinder beginnen übrigens schon mit ca. zwei Jahren über den Monolog beim Spielen den inneren Dialog vorzubereiten. Man kann in der Krippe beobachten, wie sie ihr Spiel mit Worten begleiten, sich selbst erzählen, was sie gerade machen und so beim Spielen mit einem Objekt mit sich selbst sprechen. Expert*innen gehen davon aus, dass diese selbstgeführten Monologe die Wegbereiter der inneren Dialoge sind, unserem »inneren Denken«, was uns lebenslang begleitet.

8.2 Ängste der Kinder

Wenn uns Erwachsenen die Angst in bestimmten Situationen schon so zu schaffen macht, wie ergeht es da erst den Kindern? Und so haben natürlich auch alle Kinder Ängste. In unseren Krippen und Kitas begegnen uns viele verschiedene Ängste, die zur ganz normalen Entwicklung eines Kindes dazugehören. Es gibt sogar für jede Altersstufe Ängste, die durchlebt und bewältigt werden sollten. Schon im Säuglings- und Kleinkindalter treten Verlust- und Trennungsängste sowie die Angst vor Fremden (Fremdeln) auf. Durch eine gute Beziehung zu den Eltern, Nähe sowie liebevolle Zuwendung in der Eingewöhnungsphase der Krippe lösen sich diese Ängste in der Regel im Laufe der Krippenzeit wieder auf.

Während des zweiten bis fünften Lebensjahres tritt üblicherweise die Angst vor lauten Geräuschen, vor Tieren, der Dunkelheit und dem Alleinsein auf. Die Angst vor Gespenstern und Monstern ist typisch für das vierte bis sechste Lebensjahr. Diese Ängste sollten alle im Laufe der Grundschulzeit zurückgehen. Ab dem siebten Jahr treten die Ängste vor der Schule, Versagensängste und Ängste vor Krankheiten in Erscheinung.[2]

Tabelle 1: Alterstypische Ängste bei Kindern und Jugendlichen im Alter von 0–18 Jahren.[3]

Alter	Quelle typischer Ängste
0–6 Monate	Laute Geräusche Verlust von Zuwendung Intensive sensorische Reize (Kälte, Hitze, Schmerzen)
6–12 Monate	Fremde Menschen und Trennung
2–4 Jahre	Fantasiegestalten Einbrecher Dunkelheit

---

2 Ahrens-Eipper, S./Leplow, B./Nelius, K. (2009): Mutig werden mit Til Tiger. Ein Ratgeber für Eltern, Erzieher und Lehrer von schüchternen Kindern. Göttingen, S. 10.
3 Schneider, S. (2003): Angststörungen bei Kindern und Jugendlichen. Berlin, S. 10.

Alter	Quelle typischer Ängste
5–7 Jahre	Naturkatastrophen (Feuer, Überschwemmung) Verletzungen Tiere Medienbasierte Ängste (Ereignisse aus Fernsehen, Radio, Zeitungen)
8–11 Jahre	Schlechte schulische und sportliche Leistungen
12–18 Jahre	Ablehnung durch Gleichaltrige

Kinder als auch Erwachsene zeigen ihre Ängste nicht immer offensiv und reden meist nicht gern darüber. Daher sind Ängste auch für uns pädagogische Fachkräfte nicht immer leicht zu erkennen.

Angst zu haben, ist nicht unbedingt sozial akzeptiert, zudem unterbinden einige Eltern die Verhaltensmuster der Kinder bei Angst durch flapsige Sprüche oder abwertendes Verhalten. Kein Wunder, dass da so manches Kind (und natürlich auch Erwachsene*r) seine Angst verbergen möchte, indem er*sie sich besonders cool zeigt und versucht, so zu tun, als wäre die Angst gar nicht da. Viele Erwachsene und so manche Kinder, vor allem Jugendliche, schämen sich ihre Angst zuzugeben, weil unsere Gesellschaft und – wie schon erwähnt – viele Eltern (insbesondere Väter) dieses als Schwäche auslegen. Sprüche wie: »Ein Indianerherz kennt keinen Schmerz«; »Nun trau dich schon oder bist du ein Schwanzeinzieher«, oder gar »Na du Angsthase, traust du dich etwa nicht?« sind in diesem Zusammenhang leider auch heute noch typisch.

In der Sprache der Jugendlichen wird dies durch Äußerungen wie »Biste ne Schwuchtel, oder was?« sogar noch weit übertroffen. Wen wundert es dann, dass viele Jugendliche und Erwachsene immer wieder äußern: »Ich hab überhaupt keine Angst« und mit prahlerischen Gesten darüber hinweg spielen. Wie sollen Kinder zu Hause oder in ihrem Freundeskreis verstehen lernen, dass sich hinter einer Prahlerei und Angeberei Angst versteckt? Viele Jugendliche und Erwachsene durchschauen dieses Verhalten bei sich selbst nicht einmal und reagieren falsch.

Welche Sprüche fallen Ihnen ein? Gibt es Situationen, die Sie erlebt oder beobachtet haben, in denen Erwachsene Kindern bewusst vorgemacht haben, dass Angst eine Schwäche ist? Und so unangemessen mit Ängsten von Kindern umgegangen sind? Vielleicht sogar die Angst der Kinder geschürt oder ausgenutzt haben? Überlegen Sie gemeinsam im Team, welche

> Strategien sich im Umgang mit Kinderängsten bewährt haben und welche Hilfsmittel, wie z. B. ein Sorgenfresserchen oder ein Mut-Mach-Stein, im Alltag angewendet werden können.

Dass Eltern, wie auch Sie als Erzieher*in, mit Ängsten von Kindern konfrontiert werden, ist normal und natürlich. Diese kommen allerdings in unterschiedlicher Ausprägung vor, bei einem Kind mehr und bei einem anderen Kind überhaupt nicht oder nur ganz schwach. Es gibt neben den entwicklungsbedingten Ängsten (vgl. Tabelle 1) aber auch andere Formen, die sich aus tiefer liegenden Problemen (Gewalt gegen Kinder, Vernachlässigung, Trennung der Eltern, Tod eines nahen Angehörigen, Missbrauch usw.) ergeben. Gerade das macht Kinderängste zu einem undurchschaubaren, oft auch beängstigenden Feld für uns Erwachsene. Hier scheint auch die Ursache dafür zu liegen, dass der Umgang mit den Kinderängsten als oft so schwierig angesehen wird. Die abfälligen Bemerkungen, die Kinder dann manchmal selbst von nahen Angehörigen zu hören bekommen, werden der Angst aber nicht gerecht und führen nur dazu, dass sich Kinder Strategien überlegen, wie sie ihre Angst vermeiden oder verleugnen können.

Viel besser wäre es, wenn Eltern und pädagogische Fachkräfte es gleichermaßen schaffen könnten, mit dem betroffenen Kind eine Angstbewältigungsstrategie zu überlegen. Denn Angstvermeidung führt unweigerlich in eine Sackgasse, macht handlungsunfähig und auf Dauer unsicher und schwach. Generationen von Kindern wurden z. B. durch die gut gemeinten Worte der Erwachsenen: »Ach, du brauchst doch keine Angst zu haben« getäuscht, denn Kinder haben nun einmal zu bestimmten Zeiten oder in bestimmten Situationen Angst. Sie erröten, zittern, haben Kopf- oder Bauchschmerzen oder verspannen sich. Manche Kinder suchen sich Fantasiegestalten, um ihre Angst zu visualisieren. Außerdem wird die Sichtweise des Kindes bei dem Satz »Du brauchst …« ignoriert, wodurch dem Kind suggeriert wird: Dein Gefühl, deine Empfindung stimmt nicht. Die Angst wird nicht ernst genommen, für das Kind nicht greifbar und lagert sich als etwas Schwammiges in seinem Inneren ab. Das Kind spürt die Angst, erfährt aber durch den erfahrenen Erwachsenen, dass dieses Gefühl nicht stimmt. So kommt es zu Irritationen und bei häufigem Erleben solcher Situationen zu einem Gefühlsverlust – ich kann meinem Gefühl, meinem Empfinden nicht vertrauen.

> Wie steht es mit Ihnen? Verwenden Sie auch diesen Satz? Oder was sagen Sie, wenn ein Kind äußert: Ich habe Angst? Was raten Sie Eltern, wenn Sie erleben, dass diese die Angst des Kindes nicht ernst nehmen?

Wie kommt es eigentlich, dass viele Erwachsene nach wie vor und fast automatisiert den Satz »Du brauchst doch keine Angst zu haben« verwenden? Möglicherweise, weil er so vertraut klingt und sie erst einmal Trost spenden wollen. Jeder kennt ihn, hat ihn als kleines Kind und auch später als Erwachsene*r des Öfteren gehört, in schwierigen und angstvollen Situationen als Zuspruch erfahren. Vielleicht ist er dann ja gar nicht so falsch? Denn er soll doch Mut machen. Aber, tut er das auch? Oder was drückt er eigentlich aus?

Zunächst einmal Zuwendung. Das ist sicher. Der überlegene Erwachsene sagt dem unterlegenen Kind, das Angst äußert, es braucht keine Angst zu haben. Aber bei genauerem Hinsehen heißt er auch: Dein Gefühl ist irgendwie unangemessen in dieser Situation – somit letztendlich nicht richtig. Ich denke, dass viele Erwachsene sich dieses vielleicht noch nie bewusst gemacht haben, da ich jeder Mutter, jedem Vater, jedem*jeder Erzieher*in, jeder Tagespflegeperson, im Grunde jedem Erwachsenen, erst einmal unterstelle, dass er*sie dem Kind etwas Gutes tun will. Vielleicht sollten wir an dieser Stelle aber ehrlich fragen, warum vertrauen all jene nicht auf die Gefühle der Kinder, die ihre Gefühle doch sehr deutlich benennen? Warum gebrauchen sie Worte und spenden nicht einfach Trost? Warum zitieren sie einen Satz und spenden nicht einfach Trost und bestätigen, dass sie das Kind verstehen können oder verstanden haben? Warum helfen sie nicht durch körperliche Nähe, eine liebevolle Umarmung oder ein aufmunterndes Lächeln? Lächeldialoge sagen oft das, was Worte nicht ausdrücken können. Manchmal hilft auch schon ein einfaches Nicken: »Ja, ich habe dich verstanden.« Schön wäre es, wenn Kinder ihre Angst zulassen dürften, indem wir sie in ihrem Gefühl bestärken: »Ja, ich merke, wie du meine Hand drückst, ich fühle deine Angst. Aber ich bin bei dir. Ich bin da, wenn du mich brauchst.« oder »Ja, ich kann sehen, dass du Angst hast. Ich spüre, dass du zitterst.« Würde man darüber hinaus das Kind auch noch ermutigen, über seine Angst zu sprechen, geben wir ihm das Gefühl, ich nehme dich ernst, ich verstehe dich, ich bin bei dir und geben ihm gleichsam die Möglichkeit zu erzählen, was los ist.

Bei so einer Vorgehensweise hat das Kind die Chance, über seine Angst und seine Gefühle zu sprechen, auch wenn ihm das in der angsterfüllten Situation noch nicht gelingt. Vielleicht ist es ihm aber später in der vertrauten Gruppe, in geschützter Atmosphäre möglich. Darüber hinaus erlebt es vorrangig, dass sein Gefühl richtig war, dass es legitim ist, dieses auch zu äußern und dass der Erwachsene dieses Gefühl ernst genommen hat. Es spürt konkret, dass der Erwachsene seine Angst wahrgenommen und zugelassen hat. Reagieren wir nicht so und tun die Angst des Kindes lapidar ab, lernt es die erste Lektion im Umgang mit der Angst: Wenn ich meine Angst einem Erwachsenen zeige, dann sagt der mir, was ich wirklich fühlen sollte. So übernimmt das Kind vielleicht automatisch die Einstellung und bemüht sich, in Zukunft in Angstsituationen anders, nämlich cool zu reagieren, die Angst zu überspielen oder sogar zu vermeiden. Letztendlich bleibt sie aber im Inneren zurück und führt auf kurz oder lang zu Problemen bzw. Bauchschmerzen. Solch eine Vorgehensweise und vielleicht veraltete Sicht wird der Angst als grundlegender Emotion nicht gerecht und ignoriert die wichtige Alarmfunktion.

8.3 Kinderängste sinnvoll begleiten

Das folgende Vorgehen im Umgang mit Kinderängsten hat sich in der Praxis sehr bewährt:

1. *Ernst nehmen:* Nehmen Sie die Ängste der Kinder immer ernst, aber geraten Sie nicht sofort in Panik oder Übereifer. Versuchen Sie ein Stück weit gelassen, aber aufmerksam zu reagieren und dokumentieren Sie für sich das beobachtete Verhalten, die Äußerungen und die Situation, in der die Angst gezeigt wurde. So geht nichts verloren und Sie können jederzeit, z. B. im Reflexionsgespräch mit Kolleg*innen oder im Elterngespräch, darauf zurückgreifen.
2. *Informieren:* Finden Sie gemeinsam mit dem Kind etwas über das angstbehaftete Thema heraus, indem Sie z. B. Bilderbücher oder Geschichten zur Hilfe nehmen, gehen Sie mit dem Kind dem Thema auf den Grund, werden Sie zu Forscher*innen und Entdecker*innen. Finden Sie z. B. gemeinsam heraus: Wo leben Schlangen? Was muss man im Umgang mit Hunden beachten? Wie verhalte ich mich im Schwimmbad, Verkehr, Supermarkt richtig? Wie hilft die Polizei? Wie schützt die Feuerwehr? Warum wird man krank? Warum muss man sterben? Wo gibt es Krieg? Und warum nicht bei uns? Je nachdem, was das Kind gerade bewegt und ihm Angst macht.
3. *Handlungsmöglichkeiten erarbeiten:* Fördern Sie die Eigenaktivität des Kindes, indem Sie gemeinsam sinnvolle Handlungsmöglichkeiten suchen und trainieren. Wie kann ich mich schützen? Was mache ich, wenn ich mich nicht allein traue? Wie werde ich geschickter? Was mache ich, wenn …? Über Rollen-/Puppenspiele oder durch Selbsttun können Sie mit dem Kind konkrete Situationen proben und erlebbar machen. Auch sind klare Hilfsmittel, wie z. B. eine Taschenlampe, wenn es dunkel ist, oder ein Mut-Mach-Stein in der Hosentasche, wenn man Angst hat, sinnvoll.
4. *Klare Grenzen:* Das Kind hat ein Recht auf seinen eigenen Willen und den Schutz der eigenen Person. Stärken Sie die Kinder, indem Sie Respekt vor ihrem Nein haben. Ermutigen Sie die Kinder nein zu sagen, wenn sie etwas nicht wollen. Schützen Sie die Kinder vor dem Überschreiten der persönlichen Grenzen, z. B. indem vorher gefragt wird, bevor man in die Tasche des Kindes schaut, ihm im Turnraum die Kleidung auszieht, und indem Sie dafür Sorge

tragen, dass z. B. kein anderes Kind unter der Tür nachschaut, wie es auf der Toilette sitzt. Machen Sie dem Kind klar, was in einer Bedrohungssituation, z. B. durch eine Überzahl von älteren Kindern oder durch Erwachsene sinnvoll ist, was es konkret tun kann, um sich zu schützen (fliehen oder Hilfe holen). Und gehen Sie sofort dazwischen, wenn Kinder handgreiflich werden, sich attackieren, jemanden auslachen oder vorführen. Setzen Sie klare Grenzen.

5. *Schutz bei Bedrohung:* Bauen Sie zu dem Kind eine sichere Beziehung auf, damit es sich bei Gefahr oder Bedrohung an Sie wendet. Ermutigen Sie das Kind, sich Ihnen anzuvertrauen, wenn es sich von jemandem bedroht oder belästigt fühlt. Üben Sie mit dem Kind, wie Hilfe holen geht, und machen Sie ihm deutlich, dass lautes Schreien, um sich Schlagen, Flüchten, Hilfe holen oder zu einer vertrauten Person laufen richtige und wichtige Hilfen sind. Schützen Sie das Kind aktiv, indem sie es aus einer angstbesetzten Situation nehmen und ihm aufzeigen, ich stehe dir bei.

6. *Keine Ängste schüren:* Bleiben Sie realistisch. Wir leben nicht auf einem brodelnden Vulkan oder einer Gletscherspalte, auch nicht im Dschungel. Die Kinder sollten wissen, welche Gefahren es gibt und wie sie sich angemessen verhalten bzw. sich davor schützen können. Allerdings sollten sie nicht in ständiger Sorge oder Panik leben und sich permanent bedroht fühlen. Zeigen Sie den Kindern lieber die schönen Dinge des Lebens, es gibt so viel zu entdecken. Unser Leben ist so wunderbar und vielfältig. Und Kindern mit Fluchterfahrung hilft es, wenn sie erleben und spüren, dass bei uns in den Kitas keine Gewalt zugelassen wird, dass sie sich verstecken dürfen, wenn ihnen danach ist, dass man laute Knallgeräusche z. B. zu Karneval weglässt und versucht, Dinge, die ihnen Angst machen, zu vermeiden, und dass sie sicher und geschützt sind, etwas zu essen bekommen und spielen dürfen.

7. *Kalkulierbares Risiko:* Es ist zwar ein Risiko, am Straßenverkehr teilzunehmen, aber es ist kalkulierbar und birgt, wenn man weiß, auf was man achten soll, ein sehr überschaubares Risiko in sich. Und das Risiko, von einem Auto angefahren zu werden, ist nicht größer als das Risiko, auf der Straße überfallen zu werden. Es gibt demnach immer ein kalkulierbares und ein nicht kalkulierbares Risiko. Minimieren Sie das Risiko fürs Kind. Wirkliche Risiken, mit denen wir leben müssen, sind das Krankwerden und Sterben. Wenn Kinder sich mit Tod und Sterben beschäftigen, sollten Sie das ernst nehmen und nicht ignorieren – auch dann nicht, wenn Ihnen das Thema schwerfällt. Holen Sie sich Hilfe bei erfahrenen Kolleg*innen oder externen Fachleuten. Sie können auch Bücher als Hilfsmittel hinzuziehen. Es gibt wunderbare Bilderbücher, die das Sterben und Abschiednehmen sehr kindgerecht und sensibel aufgreifen. Im letzten Teil dieses Kapitels gehe ich noch einmal genauer auf das Thema Tod und Trauer ein.

8. *Keine falschen Versprechungen:* Seien Sie ehrlich. Machen Sie den Kindern bitte keine falschen Versprechungen, wie z. B. »Nein, dir wird nichts passieren, du bist noch so jung«; »Sicher wird die Oma wieder gesund …«; »Nein, hier kann kein Feuer ausbrechen«, die Sie doch nicht einhalten können. Bleiben Sie ebenso möglichst bei der Wahrheit, wenn es um Nachrichtenmeldungen geht. Insbesondere Themen wie Kindesentführung und Kindesmissbrauch sollten nicht tägliches Gesprächsthema sein. Fragen von Kindern zu diesen Sachverhalten sollten aber ehrlich beantwortet werden, dem Entwicklungsstand und Alter angemessen. Den Kindern gegenüber zu behaupten »So etwas gibt es hier nicht«, ist gelogen. Tipp: Ich habe Fragen dieser Art immer erst einmal mit einer Gegenfrage beantwortet. »Was meinst du denn?« So konnte ich sehr gut heraushören, was das Kind bereits weiß oder wie seine These zur Frage lautet. Diese Methode bietet sich auch bei allen Fragen rund um das Thema Sexualität an. Auch hier ist es sehr sinnvoll auf eine Frage wie z. B.: »Wie kommen denn die Babys in den Bauch?«, erst einmal mit einer Gegenfrage wie »Was meinst du denn, wie das geht?« zu reagieren. Und ebenso ist es auch beim Thema Tod sinnvoll, erst einmal nachzufragen, was das Kind denn glaubt, wie der Opa, den man in einem Sarg vergraben hat, in den Himmel kommt.
9. *Zur Seite stehen, dranbleiben:* »Ich bin da, wenn du mich brauchst! Du kannst dich auf mich verlassen!« Diese Haltung gibt Sicherheit, erdrückt Kinder aber nicht und nimmt ihnen auch nicht die Luft zum Atmen. Geben Sie den Kindern nicht das Gefühl, dass Sie alles wissen, können und sie vor allem bewahren und beschützen werden. Seien Sie einfach da, wenn das Kind Sie braucht. Sagen Sie dem Kind, dass Sie ihm in Problemsituationen beistehen werden, so gut Sie können, und dass Sie gemeinsam mit ihm eine Lösung finden werden. Unterstützen Sie es aktiv durch das Einüben von Angstbewältigungsstrategien und sorgen Sie für eine stress- und angstfreie Spiel- und Lernatmosphäre.
10. *Kinder stark machen:* Sagen Sie dem Kind immer wieder, dass es an seine eigenen Fähigkeiten glauben kann und dass es schaffen wird, was es sich vornimmt. Zeigen Sie dem Kind, dass auch Sie an seine Fähigkeiten glauben und ihm etwas zutrauen. Machen Sie ihm Mut, dass es lernt, auch selbst an sich zu glauben, indem Sie es ermutigen und unterstützen. Denn meistens fürchten sich Kinder auch nicht vor konkreten Dingen, sondern vor dem, was alles passieren könnte (z. B. im dunklen Keller, mit dem großen Hund, bei der Mathearbeit am nächsten Tag) also dem Unbekannten an sich. Gelingt es, diese Erwartungsängste zu durchbrechen bzw. zu besiegen, indem wir die Kinder zu bestimmtem Handlungen oder positiven Denkmustern ermutigen, kann das Kind sich für neue positive Erfahrungen öffnen.

11. *Übermäßiges Behüten vermeiden:* Überbehütete Kinder haben häufig wenig Zutrauen in die eigenen Kompetenzen und Potenziale. Sie wissen nicht um ihre Fähig- und Fertigkeiten und trauen sich nur wenig zu. Sie sind auch häufig ängstlicher als andere und verfallen so schnell in die Opferrolle.

Wichtig: »Ängste sind so lang normal, wie sie nicht das Leben der Kinder beherrschen. Wenn Kinder aus Angst anfangen, Dinge zu vermeiden, die ihnen eigentlich Spaß machen würden oder die für ihre Entwicklung wichtig sind, kommt es zu erheblichen Beeinträchtigungen.«[4]

8.4 Angst zu haben ist wichtig, auch wenn's schwer fällt

Wie Sie schon gelesen haben, warnt die Angst ein Kind vor Gefahr und weckt gleichzeitig seine inneren Kräfte, damit es sich aus einer bedrohlichen oder gefährlichen Situation befreien kann bzw. mit ihr angemessen umzugehen lernt. Deshalb brauchen Kinder vielfältige Möglichkeiten zur konstruktiven Auseinandersetzung mit ihren Ängsten, um Strategien zu entwickeln, denn dadurch reift ihre Persönlichkeit und sie werden selbstständig und selbstbewusst, finden eigene Wege, um mit angstvollen Situationen auch allein fertig zu werden.

Indem wir Kindern etwas zutrauen, sie durch Zuspruch ermutigen, z. B. »Ja, trau dich, du schaffst das schon«; »Klar, das kannst du, ich hab doch schon gesehen, wie dir das gelungen ist«, werden sie mutiger und trauen sich etwas zu. Sie lernen, auf ihre Fähigkeiten zu vertrauen. Sicherheit, Ermutigung und gute Erfahrungen führen dann letztendlich zum Aufbau von Selbstvertrauen und Selbstsicherheit. Das Kind spürt seine positiven Kräfte in sich wachsen, ganz nach dem Motto: »Ich kann was, ich schaff das, ich bin selbstwirksam!«

Vor diesem Hintergrund sollten Kinder jedoch auch lernen, zwischen Mut und Waghalsigkeit zu unterscheiden. Das ist ganz wichtig. Denn Angst hat jeder mal: Erwachsene wie Kinder. Bei Kindern breiten sich Ängste nur leichter aus, weil sie weniger über die Welt wissen und ihnen viele Erfahrungen fehlen. So ist es wichtig, dass die Kinder die kritische Distanz zu Dingen und Situationen beibehalten und ein gesundes Empfinden für Nähe und Distanz entwickeln lernen. Die Begegnung mit Angst, Erschrecken und Furcht gehören zur Entwicklung ganz natürlich dazu. Entscheidend ist, dass Kinder lernen müssen, mit diesen Erfahrungen konstruktiv und positiv umzugehen. Wie vielfältig Kinderängste

---

4   Ahrens-Eipper, S./Leplow, B./Nelius, K. (2009): Mutig werden mit Til Tiger. Ein Trainingsprogramm für sozial unsichere Kinder. Göttingen, S. 20.

sein können, möchte ich plakativ nur an einigen Beispielen aufzeigen. Es gibt Angst vor: Dunkelheit und Einsamkeit, vor Gespenstern, Monstern, Zauberwesen, vor Abschied und Sterben, vor Ekeltieren, vor Hexen, Räubern und Verbrechern, vor Krieg und Naturgewalten, vor Trennung und Scheidung der Eltern, vor Krankheit, vor Gewalt (Strafe, körperliche Züchtigung, Verspottung …), vor Albträumen, vor Versagen, vor Räumen und Situationen, vor Höhen, vor Tiefen, vor dem eigenen Tod etc.

Leider kann ich an dieser Stelle nicht auf alle eben benannten Formen der Angst eingehen. Auch Patentlösungen kann ich nicht anbieten. Was ich aber tun kann, ist Ihnen einige Tipps ans Herz zu legen, die sich im pädagogischen Alltag bewährt haben und Ihnen im Umgang mit ängstlichen Kindern helfen können.

- Zuerst einmal, schauen Sie bitte noch einmal in Ihr Inneres und setzen Sie sich mit Ihren eigenen Ängsten auseinander. Wie reagieren Sie? Wie und auf welche Weise sind Sie ein positives Vorbild?
- Zeigen Sie dem Kind, dass es in Ordnung ist, Gefühle zu zeigen und Angst zu haben und auch, dass Angst nicht gefährlich ist.
- Nehmen Sie die Angst des Kindes ernst, aber geben Sie dem Kind keine zusätzliche Aufmerksamkeit, wenn es wegen der Angst Situationen vermeidet.
- Loben Sie das Kind, wenn es mutiges Verhalten zeigt und sich etwas zutraut.
- Glauben Sie an das Kind. Ermutigen Sie es und trauen Sie ihm etwas zu. Fördern Sie die Eigenverantwortung und Selbstwirksamkeit.
- Seien Sie nicht ungeduldig, wenn sich nicht sofort etwas verändert und sich Erfolge nicht unmittelbar einstellen. Vertrauen Sie auf den Prozess.
- Und zu guter Letzt: Holen Sie sich Hilfe bei Kolleg*innen oder professionelle Unterstützung, wenn sich überhaupt keine Veränderung einstellt und die Ängste zu lange andauern. Sobald Sie spüren und beobachten, dass das Kind unter den Ängsten leidet oder in seiner Entwicklung beeinträchtigt wird, ist Hilfe von Nöten.

Im täglichen Umgang mit den Kindern kommt es darauf an, dass Sie ein positives Vorbild sind. Bieten Sie den Kindern auch in diesem Bereich Nachahmungsmöglichkeiten, d. h., zeigen Sie ihnen durch Ihr Handeln auf, dass es normal ist, Angst zu haben und dass man Ängste zugeben darf. Geben Sie z. B. Ihren Kindern gegenüber zu, dass Sie auch manchmal Angst haben, dann können sie sich in Ihnen wiederfinden.

Wichtig ist in diesem Zusammenhang allerdings, dass Sie Ihre Angst weder bagatellisieren noch dramatisieren, sondern einfach ehrlich benennen, wie z. B.: »Puh, da hatte ich jetzt aber Angst um dich, als du da so schnell um die Kurve gesaust bist …« oder »Ja, ich hab die Bilder auch in der Zeitung gesehen. Das

Erdbeben ist wirklich schrecklich, das macht mir Angst. Zum Glück gibt es aber solche Erdbeben nicht hier in unserer Gegend.« Wenn Sie so reagieren und den Kindern deutlich machen, dass Sie als Erwachsene*r bzw. als vertraute Person auch Angst haben, kann sich das Kind an Ihnen orientieren und erlebt konkret, dass es völlig in Ordnung ist, wenn man Angst hat und es sich nicht dafür schämen muss. Ferner sollten Sie den Kindern Erprobungsmöglichkeiten bieten, damit sie lernen, wie sie sich aus einer Angstsituation befreien können. Denn alle Kinder sollten lernen, wie sie Ängste selbst bewältigen können. Das könnte beispielsweise wie folgt ablaufen:

- Das Kind hat Angst vor der Dunkelheit und soll mittags in der Kita schlafen. »Du hast Angst vor der Dunkelheit? Dann lass uns mal überlegen, was man dagegen tun kann. Was würde dir helfen? Sollen wir die Jalousien nicht ganz herunterziehen?/Sollen wir eine Lampe im Zimmer anlassen?/Ich bin nebenan und komme gleich noch einmal wieder und schau nach dir./Ich bleibe solange bei dir, bis du eingeschlafen bist.« Es gilt, die Angst der Kinder ernst zu nehmen und gleichsam mit ihnen nach Möglichkeiten zu suchen, wie man die Angst bewältigen kann. Natürlich bedarf es auch hier der Geduld und des Einfühlungsvermögens, da Kinder (vor allem kleine Kinder) nicht immer exakt sagen können, was ihnen Angst macht. Oft ist es nur ein Gefühl, welches die Angst auslöst. Es geht daher in erster Linie um das Ernstnehmen und Zulassen der Angst und dann in zweiter Linie um die Bewältigung. Ebenso ist es für Kinder wichtig zu erfahren, dass sie mit ihrer Angst nicht allein sind. Oft reicht es schon, wenn man ihr Gespür schärft, dass sie wissen, wo sie sich Hilfe holen können; sie erfahren, ich stehe mit meiner Angst nicht allein da.
- Ein Kind hat Angst vor Spinnen und will nicht in den Geräteschuppen auf dem Kita-Spielplatz gehen. Sie könnten wie folgt reagieren: »Ja, ich kann verstehen, dass du vor dem Geräteschuppen Angst hast. Es ist sehr schummerig und dunkel darin, und du weißt auch nicht genau, was da alles liegt oder steht. Ja, da gibt es bestimmt auch Spinnen … Weißt du, was wir jetzt machen? Wir gehen gemeinsam hinein. Wir machen Licht, dass es schön hell ist, und ich zeige dir alles. Du kannst mich auch fragen, wenn du etwas wissen möchtest oder du etwas siehst, was dir Angst macht. Als ich klein war, hatte ich auch manchmal Angst allein in den Geräteschuppen zu gehen. Da hatte bestimmt jeder schon mal Angst. Aber du bist ja nicht allein. Ich gehe mit dir und ich schau auch nach Spinnen. Wenn ich eine sehe, sag ich dir Bescheid und nehme sie sofort weg oder wir gehen sofort wieder heraus.« So erlebt das Kind, dass Sie seine Angst ernst nehmen und verstehen und dass es gleichsam mit der Angst nicht allein dasteht. Außerdem zeigen Sie ihm einen Weg aus der Angst heraus, also eine Strategie, auf. Die Strate-

gie zur Angstbewältigung lautet: »Licht anmachen, nicht allein, sondern zu zweit gehen.« Das Kind erlebt, dass seine Angst vor dem Geräteschuppen mit den Spinnen darin unberechtigt war, da es sich an Ihrer sicheren Seite vom Gegenteil überzeugen kann. Auf diese Weise überwindet es vielleicht seine Angst und traut sich beim nächsten oder übernächsten Mal, auch allein oder mit einem anderen Kind in den Geräteschuppen zu gehen. Bei Kindern im Alter von drei bis sechs Jahren kann man sich auch die Kraft der Fantasie zunutze machen. Ein Mut-Mach-Stein an dem es sich festhalten kann oder ein Mut-Mach-Talisman helfen fast immer eine angsterfüllte Situation sicher zu überstehen. Der Glaube an den Mut-Mach-Stein versetzt oft Berge und hilft den Kindern auch dann weiter, wenn Sie einmal nicht persönlich da sein sollten. Wichtig ist an dieser Stelle der Hinweis darauf, dass es sich natürlich von selbst versteht, Kindern keine Angst zu machen. Indem wir mit der Angst der Kinder spielen oder sie gar ausnutzen, machen wir sie hilflos und schüchtern sie ein.

8.5 Angstbewältigungsstrategien

Kinder brauchen Strategien, wie sie selbst Ängste bewältigen können. Eine habe ich Ihnen gerade mit dem Beispiel vom Geräteschuppen auf dem Außengelände des Kita-Spielplatzes aufgezeigt, eine andere hieße vielleicht: Verbündete suchen, eine Gemeinschaft bilden, zueinander halten, einen Freund holen, einen Größeren fragen, sich jemandem anvertrauen oder sich mit mehreren Kindern gemeinsam der Angst einflößenden Situation stellen. Für Kinder, aber auch so manchen Erwachsenen, ist dies eine wirksame Methode zur Angstbewältigung.

Kinder brauchen Möglichkeiten, in denen sie Mut erleben und auch konkret erfahren können, d. h., auf den Erfolg ihres Handelns vertrauen lernen, statt sich durch die Angst vor Misserfolg selbst zu hemmen. Angst darf nicht hilflos machen. Sie als Erzieher*in sollten dafür sorgen, dass Ihre Kinder vielfältige Erlebnismöglichkeiten bekommen, ihr Mutig-Sein zu erproben. Für das eine Kind ist es in diesem Zusammenhang schon sehr mutig, wenn es zur Erzieher*in in die Nachbargruppe geht, um von dort ein Spiel zu holen, während es für das andere Kind eher eine Bagatelle ist. Auf jeden Fall sollten Sie stets Entwicklungsalter und die jeweilige Situation sowie Persönlichkeit des Kindes berücksichtigen. Ganz wichtig ist auch, dass Sie bei Mut-Mach-Spielen den Kindern immer wieder den Unterschied zwischen Leichtsinn (Waghalsigkeit) und Mut aufzeigen, damit die Kinder lernen, zwischen beidem zu unterscheiden und die eigenen Leistungen anzunehmen, eigene Schwächen zu berücksichtigen und sich nicht selbst zu überschätzen. Es sollten klare Absprachen herrschen, um das Kind vor Gefahren zu schützen, wie z. B.: »Springe nie irgendwo hinein oder herunter, wo du nicht weißt, was der Untergrund ist oder wie tief es ist.« Dabei ist es ganz gleich, ob es sich um die Sprossenwand in der Turnhalle, einen Baum auf dem Spielplatz oder den Baggersee handelt.

Ein weiterer, sehr wichtiger Aspekt ist der, dass Kinder lernen sollten, ihre eigenen Gefühle bewusst zu erleben, wahrzunehmen und zu akzeptieren. Sie sollten lernen, auf ihre eigenen Empfindungen und Maßstäbe zu vertrauen, um sich unabhängig vom Erwachsenen ein Bild über das eigene Empfinden zu machen. Hierfür bieten sich sehr viele Spiele und Materialien, wie Gefühlswürfel, Gefühlsspiele, Bilderbücher usw., an. Auch Trainingsprogramme wie *Faustlos* oder *Stopp*[5] sind sinnvoll und bieten auf kindgerechte Weise Erfahrungsräume für soziales Lernen. Im täglichen Umgang mit den Kindern ist es für uns als Frühpädagog*innen jedoch am wichtigsten, dass wir die geäußerten Gefühle des Kindes akzeptieren und bestätigen, ohne sie zu bagatellisieren oder zu dramatisieren.

Hierzu ein Beispiel: Das Kind fängt nach einem kleinen Sturz auf dem Außengelände an zu weinen, zeigt auf sein Bein (kleine Schramme) und äußert, dass es Schmerzen hat. An Ihnen ist es nun, angemessen und emphatisch darauf zu reagieren, indem Sie das Gefühl des Kindes an- und ernst nehmen und nicht darüber hinweggehen, nach dem Motto: Ach, das war doch gar nicht so schlimm. Eine gute Rückmeldung für das Kind wäre z. B.: »Oh Tobias, du hast dir wehgetan, ja, ich sehe es. Dein Bein tut bestimmt weh. Lass mich mal sehen, wie ich helfen kann« oder »Ja, das tut weh, das kann ich dir ansehen. Was wäre jetzt gut für dich?«

Wenn Sie so reagieren, spürt das Kind, dass Sie es in seinem Gefühl, seiner Empfindung bestätigen, es ernst nehmen und ihm aufzeigen, dass sein Gefühl richtig ist (»Ich habe Schmerzen und der Erwachsene sieht das auch so. Also stimmt mein Gefühl«). Ebenso zeigen Sie ihm eine Lösung auf, aus dieser beklemmenden bzw. unangenehmen Situation wieder herauszukommen. Sie haben weder bagatellisiert noch dramatisiert, sondern lediglich seine*ihre Gefühle akzeptiert. Bei solch einem Vorgehen können die Kinder ihre eigene innere Stärke finden und erkennen, da sie eine unangenehme Situation bewältigt haben. Diese Stärke brauchen sie, um sich auch angemessen in anderen Situationen einsetzen zu können und um eine positive Selbstwahrnehmung und ein positives Selbstwertgefühl zu entwickeln.

---

5   Vgl. *Zum Weiterlesen* am Ende des Kapitels.

> Welche Angstbewältigungsstrategien kennen Sie, haben sich bewährt? Wie vermitteln Sie Kindern Risikobereitschaft? Was verstehen Sie unter Risikobereitschaft? Und wo sind ihre Grenzen? Was bedeutet für Sie Waghalsigkeit? Und was mutig sein? Wie fördern Sie in der Gruppe oder Kita mutiges Verhalten?

Bei allem Wohlwollen mit Blick auf die Ängste der Kinder ist es manchmal auch ratsam, kurz und sehr deutlich zu reagieren. Damit meine ich, dass Sie in solchen Momenten, wenn das Kind zur Dramatik neigt, die Gefühle zwar ernst nehmen, aber nicht weiter darauf eingehen sollten. Ignorieren Sie theatralisches Verhalten der Kinder. Es gibt durchaus auch Kinder, die sich in Kleinigkeiten hineinsteigern und aus der Situation nicht wieder herausfinden. Das nötige Fingerspitzengefühl, um in diesen Situationen angemessen, feinfühlig und richtig zu reagieren, entwickeln die meisten pädagogischen Fachkräfte durch Erfahrung bzw. ganz automatisch im Laufe ihres Berufslebens.

Ängste dürfen also sein, da sie häufig der Schlüssel zu Mut sind. Und mutig müssen wir alle irgendwann mal sein. Besonders Erzieher*innen, wenn es um das Thema Tod, Sterben und Trauer geht, denn diese Themen berühren uns im Inneren, lassen uns mit unserer eigenen Endlichkeit in Kontakt kommen, decken unsere Glaubenssätze und Werte auf und legen den Finger in vielleicht gerade erst zugeheilte eigene Wunden.

8.6 Der Tod gehört zum Leben dazu und macht auch vor der Kita nicht halt

Tod und Kindertagesstätte!? – Das passt auf den ersten Blick nicht zusammen. Zwei Enden, scheinbar so weit voneinander entfernt wie der Süd- und Nordpol. Da sind zum einen die Kinder, die am Anfang des Lebens stehen, lebendig, voller Forscherdrang, lebenshungrig und neugierig – und dann der Tod – er ist ernst, traurig und endgültig. Und dennoch kommen wir als pädagogische Fachkräfte immer wieder mit dem Thema in Kontakt, ob wir wollen oder nicht. Denn auch kleine Kinder fragen nach Sterben und Tod, suchen Antworten und machen sich ureigene, individuelle Gedanken zu diesen Themen. Zum anderen hatten viele Kinder, die auf der Flucht waren, Kontakt mit dem Tod, dem Sterben, dem Abschiednehmen dem »Traurig-Sein« und bringen nun all diese Erfahrungen und Erlebnisse mal mehr, mal weniger mit in unseren Kita-Alltag. So kommen diese Themen, die scheinbar immer noch in vielen Kitas zu den

Tabus zählen, die man am liebsten umgehen würde, »anmarschiert« und drängen sich auf. Denn wer spricht schon gern über das Sterben, den Tod und vor allem über die damit einhergehende Trauer?

Kinder sind jedoch von Grund auf neugierig, auch wenn sie noch keine eigenen Erfahrungen mit dem Tod gemacht haben. Sie wollen wissen, warum die Taube im Außengelände der Kita tot am Boden liegt und nicht mehr fliegen kann, sammeln die tote Hummel auf und betrachten sie lang und ausgiebig oder berichten davon, dass der Opa von Moritz gestorben ist und nun beerdigt wird. Spätestens dann kommt auch die Frage auf, wo er denn jetzt hingeht, da alle sagen, er sei »von uns gegangen«. Kinder haben Fragen und wollen Antworten, das ist ihr gutes Recht und unsere Herausforderung zugleich, ihnen darauf gute und plausible Antworten zu geben, auch wenn es nicht immer leichtfällt. Zudem trauern Kinder auch, mal um das verstorbene Haustier, mal um den verstorbenen Opa und sorgen sich dann zusammen mit der Oma auf dem Friedhof um das Grab.

Gut möglich, dass sie dieses »sich um das Grab kümmern« dann am nächsten Tag mit in die Kita bringen und davon erzählen. Und auch gut möglich, dass sie daraufhin die Erzieher*innen fragen: »Friert der Opa eigentlich in der Erde? ... stirbt die Oma auch bald? ... und wenn ja, wird sie dann auch eingegraben? ... und wie findet sie den Opa dann im Himmel wieder? ... und wie kommt sie aus der Erde raus und in den Himmel rein?« – Fragen, die wichtig und ernst zu nehmen sind, die uns pädagogische Fachkräfte jedoch extrem stark herausfordern, da sie anspruchsvoll sind, uns mit unseren eigenen Einstellungen, Haltungen sowie dem eigenen Glauben oder Nichtglauben konfrontieren.

Um über Abschied, Tod, Sterben, Trauer und Verlust in der Kita zu sprechen, muss man nicht auf eine konkrete Situation warten. Besser wäre es, wenn sich das Team mit diesen Themen ebenso selbstverständlich auseinandersetzen und besprechen würde, wie beispielsweise mit Inhalten der Bindung und Eingewöhnung, wenn es um die Verlustängste der Allerkleinsten, um das Loslassen und Einlassen auf neue und fremde Bezugspersonen geht. Hier steht dann ja ebenfalls das Thema Abschiednehmen und Loslösen im Mittelpunkt, wird aber wie selbstverständlich in jede Konzeption mit aufgenommen und über ein Eingewöhnungskonzept auf- bzw. abgearbeitet. Doch wie steht es eigentlich um den spontanen Verlust? Um die anschließende Trauer, mit all den vielfältigen Gefühlen wie: Niedergeschlagenheit, Ohnmacht oder gar Wut, weil ein Mensch einfach so aus dem Leben gerissen wurde? Wie erklärt man dann als Erwachsener den Kindern seine Gefühle, wenn Tränen sich unkontrolliert ihren Weg nach draußen suchen und in »Sturzbächen« über das Gesicht fließen? Wie geht man damit um? Denn auch Kinder erleben den Verlust.

Generell ist jedes Thema in der Kita, ob nun Projekt- oder Atelierarbeit, Inklusion, Elternarbeit, Schulfähigkeit oder die Übergangsgestaltung und Eingewöhnung, für sich wichtig und ein Teil der pädagogischen Arbeit. Manche Themen sind jedoch sehr beliebt und kommen daher häufiger und schneller auf den Tisch als andere. Die Themen Tod und Sterben stehen häufig an letzter Stelle der Themensammlung und das, obwohl sie wichtig sind und auch zum Alltag dazugehören. Spätestens bei der nächsten Eingewöhnungsphase, wenn Kinder und auch so manche Mutter »Rotz und Wasser« heulen, das Abschiednehmen und die damit verbundene Trauer (und die Verlustangst) wieder thematisiert werden müssen. Warum sich nicht schon vorher Gedanken dazu machen? Zumal jede Kita sich inzwischen mit Inhalten wie Eingewöhnung und den damit verbundenen Bindungstheorien, Abschiedsritualen und Verlustängsten im Rahmen der Konzeptionsarbeit auseinandergesetzt hat. Ich möchte daher an dieser Stelle meinen Fokus auch nicht auf die Trauer bei der Eingewöhnung und dem Abschiednehmen richten, sondern auf die Themen Trauer und Tod bei plötzlichem Verlust eingehen und über den Umgang mit dem Tod im Allgemeinen sprechen. Denn Veränderungen gehören zum Leben dazu. Veränderungen entdecken Kinder ganz wie nebenbei und selbstverständlich im stetigen Wandel der Natur. Sie können Jahr für Jahr beobachten, wie sich die Natur um sie herum verändert und der Rhythmus der Jahreszeiten »den Wandel« sichtbar macht. Dieser ist zudem auch in vielen Experimenten, wie z. B. der Verwandlung der Raupe zum Schmetterling oder der Kaulquappe zum Frosch, zu beobachten. Auch Bilderbücher wie »vom Baby zum Greis« sind Möglichkeiten, Kindern auf anschauliche Weise eine begreifbare Dimension von Vergänglichkeit, Lebenskreislauf, Anfang und Ende zu vermitteln und verstehbar zu machen.

8.7 Die traurige Seite des Lebens – Abschied nehmen und trauern dürfen

Sicherlich sind solche Experimente nicht jeden Tag möglich und immer auch etwas Besonderes, aber ich glaube, dass eine Auseinandersetzung mit dem Thema Tod wichtig und notwendig ist.

> Wie ist Ihre Haltung dazu? Gehört das Thema Tod und Sterben wie selbstverständlich im Alltag der Kita aufgegriffen? Wann haben Sie sich das letzte Mal mit dem Thema beschäftigt? Und im Team dazu diskutiert? Auf welchen Verhaltenskodex haben Sie sich im Team geeinigt? Welche Bücher oder Materialien haben Sie, um Kinder mit dem Thema in Kontakt treten zu lassen?

Wieso tun sich nach wie vor so viele pädagogische Fachkräfte und Eltern schwer, mit Kindern über den Tod zu sprechen, obwohl er doch zum Leben dazu gehört? Eine Frage, die mich immer wieder beschäftigt. Vielleicht möchten viele Erwachsene generell Kinder vor der dunklen Seite des Lebens schützen und sie unbelastet aufwachsen lassen? Vielleicht haben sie Angst vor ihrer eigenen Endlichkeit und möchten sich daher nicht mit dem Thema auseinandersetzen? Oder vielleicht haben einige schlichtweg noch nie darüber nachgedacht. Warum auch, gehört die Auseinandersetzung mit dem Tod ja eigentlich ans Ende des Lebens. Von daher ... Leider holt uns das Thema jedoch immer wieder wie von selbst ein. Kinder werden früher oder später mit dem Tod konfrontiert. Daher sollten wir als Erzieher*in, mit den uns anvertrauten Kindern, übers Sterben und den Tod sprechen – und zwar so, dass Kinder keine falschen Vorstellungen oder gar Furcht entwickeln.

Denn besonders schlimm wird es, wenn uns der Tod wie aus dem Nichts »überfällt«. Wenn er uns einen geliebten Menschen wegnimmt – einfach so. Für mich waren vor diesem Hintergrund zwei Erlebnisse einschneidend, von denen ich Ihnen gern an dieser Stelle berichten möchte. Zum einen war es der Tod eines Kita-Kindes und zum anderen der spontane Tod einer Mitarbeiterin. Von daher weiß ich aus eigener Erfahrung, wie schmerzhaft und entsetzlich traurig, teilweise gar traumatisierend, diese Ereignisse waren. Ich wünsche jeder pädagogischen Fachkraft, dass sie niemals ein Kita- oder gar Krippenkind der eigenen Gruppe oder Kita geschweige denn eine*n Kolleg*in beerdigen muss. Aber leider kann ich Ihnen nicht versprechen, dass es nie so sein wird. Von daher ist es vielleicht präventiv wirksam, wenn wir uns an dieser Stelle mit diesen Vorkommnissen und deren Folgen fürs Team beschäftigen. Aus meiner Erfahrung ist es generell bei solchen Sterbefällen für Erzieher*innen doppelt schwer, da sie neben der eigenen Trauerbewältigung auch die Aufgabe und damit verbundene Herausforderung innehaben, es den Kindern zu erklären. Und wie kann man mit den Kindern und deren Eltern in solch einer schweren, traurigen und emotional dramatischen Sondersituation angemessen umgehen? Eine Patentlösung gibt es nicht. Denn in vielen Kita-Teams löst solch ein Ereignis verständlicherweise häufig erst einmal Angst und Panik aus, bevor man auf die Suche nach dem »richtigen Umgang« mit dem Tod und seinen Folgen geht. Häufig gibt es viele Fragen und Unsicherheiten, die das Team und jede*n einzelne*n Mitarbeiter*in beschäftigten, umtreiben und auch sehr belasten können. Manchmal führt das dazu, dass Teams sehr eng zusammenrücken und die Zusammengehörigkeit wächst. Es kann aber auch das genaue Gegenteil passieren, indem sich ein Team in einer solch derart belasteten Situation unter Umständen spaltet oder einzelne Teammitglieder sich isolieren. Dabei wäre es wichtig, dass sich die pädagogischen Fachkräfte mit folgenden Fragen beschäftigen:

- Wie sprechen wir mit den Kita-Kindern über den Tod? Mit allen? Und vor allem in welcher Form?
- Worüber informieren wir die Eltern und was können wir ihnen als Unterstützung anbieten?
- Wer geht mit zur Trauerfeier, können und dürfen wir diese mitgestalten?
- Was machen wir mit den Sachen des Kindes?
- Welche Rituale können wir im Alltag einsetzen? Sollen wir eine Kerze aufstellen? Mit den Kindern beten oder singen? Zur Kirche oder/und zum Friedhof gehen? Malen die Kinder etwas für den*die Verstorbene*n?

Die dringlichsten Fragen der Teams sind immer, wie mit der Trauer der Kinder und ihrer Eltern und unserer eigenen Trauer sowie den unterschiedlichen Reaktionen im Team umgehen. Ich persönlich möchte jeder Leitung beim Tod eines Kindes aus der Einrichtung raten, Kontakt mit der Familie aufzunehmen, um Anteilnahme auszusprechen und Mitgefühl zu zeigen. Bevor das Team weitere Überlegungen für die Gedenkfeier, Beerdigung oder Abschiedsrituale anstellt, sollten die Leitungskraft und die zuständigen pädagogischen Fachkräfte aus der Gruppe des verstorbenen Kindes die Eltern besuchen. Dies ist sicherlich kein leichter Gang. Allerdings ist er wichtig, denn zuvor gab es auch sonst jeden Tag Kontakt zu den Eltern des Kindes. So haben Sie sie wie selbstverständlich über alle kleinen und großen Entwicklungsschritte oder Unwichtigkeiten informiert und sich mit ihnen ausgetauscht. Daher sollten Sie auch jetzt in dieser schweren Situation den Kontakt zu den Eltern suchen und nicht aus Angst oder Sorge vor den (eigenen) Tränen, die ja ruhig mit den Eltern gemeinsam geweint werden dürfen, nicht hingehen. Auch wenn die Unsicherheit noch so groß ist und das Herz bis zum Halse schlägt, in solch einer Situation dürfen wir als verantwortungsbewusste Erzieher*innen betroffene Eltern nicht allein lassen. Vielleicht fehlen uns die richtigen Worte, dann dürfen wir das auch ehrlich sagen. Das ist besser als Ignoranz. Wenn Ihnen die Worte fehlen, können auch kleine Gesten die eigene Betroffenheit und das Mitgefühl ausdrücken. Wenn die Eltern allerdings ausdrücklich kundtun, dass sie keinen Besuch oder Kontakt wünschen, gilt es dies zu respektieren. Ich habe jedoch mehrfach das Gegenteil erlebt. Und mit Blick auf die verstorbene Mitarbeiterin, auch da war ein Besuch bei den Hinterbliebenen unabdingbar.

8.8 Über Tod und Sterben sprechen

Die Scheu, Angst oder Sorge davor, mit Kindern über die Themen Sterben und Tod zu sprechen, hat aus meiner Sicht vielfältige Gründe. Vielen Erwachsenen, ja auch pädagogischen Fachkräften fällt es schwer, sich mit der eigenen Sterblichkeit auseinanderzusetzen, gar mit ihr konfrontiert zu werden. Da verdrängen sie das Thema besser gänzlich. Viele jüngere Kräfte haben auch noch keine eigenen Verluste erlebt und somit bearbeitet. Wie soll oder kann man da mit Kindern über solche Themen sprechen? Ich habe es vielfach als sehr hilfreich erlebt, wenn sich Teams externe Unterstützung holen und sich zudem mit Bilderbüchern und Fachliteratur auseinandersetzen. Dies kann die Auseinandersetzung mit den Themen selbst und den Kontakt zu Kindern enorm erleichtern. Zudem haben konfessionelle Kitas durch kirchliche Feiertage wie Ostern, Allerheiligen und Allerseelen genügend Anknüpfungspunkte, über die Themen Tod, Abschiednehmen und Trauer ins Gespräch zu kommen. Konkrete Anlässe im Alltag oder Umfeld der Kita, wie beispielsweise die schwere Krankheit von Pauls Opa, der Tod eines Haustieres oder die Beerdigung im Dorf/Stadtteil, können Möglichkeiten sein, mit den Kindern ins Gespräch zu kommen.

Bevor wir jedoch mit Kindern darüber sprechen, sollten wir selbst den Tod »verstehen« lernen. Wenn wir als Erzieher*in mit Kindern über den Tod sprechen, funktioniert das auf anderen Wegen als mit den Kolleg*innen im Team, das ist wahrscheinlich jeder Fachkraft klar. Kinder haben meist die Endgültigkeit, Unvermeidbarkeit und Unvorhersehbarkeit des Todes noch nicht begriffen. Ich glaube, dass es wichtig ist, sensibel wahrzunehmen, wie viel das jeweilige Kind überhaupt schon weiß und verstehen kann. Wo liegt sein Erlebnis- und Erfahrungshorizont? Aus welchem Kulturkreis kommt es? In welcher religiösen oder spirituellen Gemeinschaft wächst es auf, was Glauben die Eltern? Welche damit verbundenen Traditionen und Rituale bekommt das Kind mit? Ein dreijähriges Kind begreift seine Welt ganz anders als ein sechsjähriges. Generell begreifen Kinder zwischen drei bis sechs Jahren den Tod noch nicht als etwas Endgültiges, sie haben ihre eigene Fantasie und Vorstellung dazu und sehr konkrete Fragen, die sie interessieren. Diese Fragen und Erzählungen der Kinder sollten von jeder pädagogischen Fachkraft immer wahr- und ernstgenommen werden. Denn häufig sind Eltern emotional nicht in der Lage, sich dem Gespräch der Kinder zu stellen. Hier kommt dann der Kita eine wesentliche Rolle zu.

> Verstehen Sie den Tod? Wie erklären Sie Kindern den Tod – und was danach kommt? Kommt überhaupt etwas danach? Was glauben Sie? Welche Fragen ergeben sich für Sie, wenn Sie diesen Teilabschnitt lesen? Welche Gedanken kommen Ihnen? Was würden Sie gern mit den Kolleg*innen besprechen? Was macht Sie sprachlos? Was hilft Ihnen? Mit wem können Sie sich über dieses Thema austauschen? Was würden Sie gern für sich noch klären?

Aus meiner Sicht wäre es sehr hilfreich und mit das Wichtigste, wenn eine solide Offenheit für das Thema Tod im Team erreicht würde, sodass durch eine Gesprächsbereitschaft eine Auseinandersetzung in Gang käme. Was denkt, glaubt bei uns wer? Dabei geht es nicht um das Aufdecken einer richtigen oder falschen Einstellung oder darum, alles fachlich richtig erklären zu können oder gar zu wissen, sondern vielmehr um eine aktive Auseinandersetzung mit dem eigenen Glauben, seinen Einstellungen und Annahmen. Mit Blick auf die Kinder bedarf es einer zugewandten, sensiblen und achtsamen Haltung, ein gemeinsames Herantasten, auf der Suche nach den Fragen, die der Tod mit seinen entstandenen Konsequenzen mit sich bringt. Und solch eines Herantastens bedarf es zunächst bei uns selbst, um den manchmal tiefgreifenden und beeindruckenden Fragen der Kinder überhaupt begegnen zu können.

Vieles lässt sich nun mal nicht logisch, biologisch oder allgemein gültig erklären. Zudem kann manche Antwort nur jeder Mensch für sich selber geben, da diese mit der eigenen Sinngebung, dem eigenen Glauben oder Nichtglauben, der Einstellung zum Leben zusammenhängt. Vor diesem Hintergrund ist es meiner Meinung nach enorm wichtig, dass Sie sich im Team mit dem Thema »Tod, Sterben und was kommt danach« genauso selbstverständlich auseinandersetzen, wie mit der Eingewöhnung, der Übergangsgestaltung oder Sauberkeitserziehung der Kinder, die auch mit Verlust, Loslassen, Ängsten, Bindung und Veränderungsprozessen zu tun haben. Bitte befassen Sie sich im Team daher mit folgenden Fragen: Wie wollen Sie sich (ganz persönlich) im Team positionieren? Wie vorgehen, wie verhalten, wenn die Themen Trauer, Sterben, Tod, Verlust und Veränderung auftauchen?

8.9 Trauer zulassen, aushalten und bearbeiten

Wenn wir als Erzieher*in mit dem Tod konfrontiert werden, ist es wichtig, im Blick zu behalten, wie eng die Beziehung oder Abhängigkeit zum verstorbenen Mensch oder Tier für das jeweilige Kind (oder uns selber) war oder welche Reaktionen auf den Verlust wahrzunehmen sind. Zeichen der Trauer können unterschiedlich sein. In der Regel sind es Tränen, die fließen, aber auch Wut, Aggression, Depression, Schweigen, Überaktivität und vieles mehr können Symptome sein. Jede Form der Trauer ist erst einmal normal, man kann keinem Menschen vorschreiben, wie man richtig oder falsch trauert. Bei Aggressivität und Wut ist es jedoch wichtig, darauf zu achten, dass das Kind sich und anderen keinen Schaden zufügt.

Im Folgenden habe ich einige Hinweise zusammengefasst, die mir und auch anderen Teams in der Zeit nach dem Tod eines Kindes (und auch der Kollegin) geholfen haben:

- Das verstorbene Kind/die Fachkraft ist in der Kindergruppe eine Zeit lang weiterhin präsent, durch Aufstellen einer Kerze an dessen Essplatz/auf der Fensterbank bei dessen Foto etc.
- Von den Kindern ein Bild des Kindes/der Fachkraft malen lassen und in der Gruppe aufhängen (Du bist noch unter uns, wir denken an dich).
- Das verstorbene Kind/die verstorbene Fachkraft eine Zeitlang noch in Rituale einbeziehen, z. B. im Morgenkreis, wenn es darum geht, zu schauen, wer heute da ist. Die pädagogische Fachkraft kann den Namen des Kindes/der Fachkraft nennen und sagen »Liebe*r xxx, wir denken an dich«, so hat das Kind/die Fachkraft noch eine Zeitlang seinen Platz in der Gruppe.
- Auch kann man in der Woche nach der Beerdigung mit den größeren Kindern (Vorschulkindern) einen Gesprächskreis »Wünsche an das verstorbene Kind/die verstorbene Fachkraft« initiieren.
- Die Kinder können für das verstorbene Kind/die verstorbene Fachkraft Bilder malen, etwas basteln etc., was zur Beerdigung/in die Leichenhalle oder später zum Friedhof gebracht werden kann.
- Man kann eine Abschiedskiste in der Gruppe aufstellen, in der jedes Kind etwas hineinlegt (etwas Gemaltes, Gebasteltes, Aussagen der Kinder zu dem Kind/der Fachkraft (die ein*e Erzieher*in aufgeschrieben hat), kleine Geschenke usw.). Die Abschiedskiste kann dann auf der Beerdigung oder zu einem anderen Zeitpunkt an die Eltern des Kindes/die Angehörigen der Fachkraft überreicht werden.
- Man kann ein Kondolenzbuch in der Kita auslegen, in welches Eltern und Mitarbeiter*innen etwas über das Kind/den*die Kolleg*in schreiben können.
- Auch kann eine Trauerecke in der Gruppe oder im Flur/Nebenraum der Kita eingerichtet werden, die zum Verweilen einlädt. Die Ecke kann gestaltet werden mit leiser Musik, einem Foto des Kindes/der Fachkraft/einer Kerze (elektrisch) etc. Zudem kann ein*e Erzieher*in zeitweise als Gesprächspartner*in, Impulsgeber*in, aktive*r Zuhörer*in, Tröster*in, der*die über seine*ihre Gefühle/Traurigkeit/das Vermissen mit den Kindern spricht, begleiten und versuchen, die Fragen der Kinder zu beantworten. Er*Sie kann zudem Ansprechpartner*in für die Eltern sein und auch ihnen Unterstützung beim Umgang mit dem Thema Tod, den eigenen Unsicherheiten und Ängsten geben. In diesem Raum können entsprechende Bücher untergebracht sein oder Vorlesungen stattfinden. Darüber hinaus können Hoffnungsbilder/Mandalas oder Schutzbilder gemalt werden.
- In Absprache mit den Eltern des Kindes/der Hinterbliebenen der Fachkraft können die Kinder den Sarg bemalen (viele Bestatter bieten so etwas an und gestalten das sehr liebe- und würdevoll in der Leichenhalle).

Zu guter Letzt sei noch einmal deutlich gesagt: Es gibt keine festgelegte Trauerzeit. Ein*e Erwachsene*r und auch ein Kind kann und darf sogar ein Leben lang von Zeit zu Zeit traurig sein, dass der geliebte Opa, das verstorbene Geschwisterchen, die Mutter, das Kind/der*die Erzieher*in aus der Gruppe/das Haustier nicht mehr da ist. Es sollte nur nicht ständig trauern – von daher gilt es auch die Trauerrituale in der Kita nach einer gewissen Zeit einzustellen. So banal und abgedroschen es sich anhört, das Leben geht weiter und ist wunderschön. Kinder sollen das vor allem erleben und spüren, damit sie eine positive Zukunftsperspektive und Annahme des Lebens entwickeln. Dies ist meiner Auffassung nach sehr wichtig, auch mit Blick auf die Kinder mit Fluchterfahrung, um eigene Strategien zu erlernen, um mit dem Tod, dem Abschiednehmen und der anschließenden Trauer umgehen zu lernen. Traurig sein können (und dürfen) ist wichtig und richtig. Bedeutet jedoch nicht, nur noch traurig zu sein oder gar depressiv werden zu müssen. Professionelle Trauerhilfe begleitet, unterstützt und hilft. Sowohl wenn ein plötzlicher, in das Familiensystem eingreifender Tod eintritt, ein Geschwisterkind stirbt oder die Familie sich aus anderen Gründen nicht mehr helfen kann. Genauso kann sich aber auch ein Kita-Team Hilfe und Unterstützung holen, wenn es sich mit dem Thema Sterben und Tod aktiv auseinandersetzen will oder sich von einem Todesfall in der Kita überfordert fühlt. Trauerbegleiter*innen kommen auch zu Vorträgen, Elternabenden oder Seminaren in die Kita, klären auf und helfen, Fragen auf Antworten, Unsicherheiten oder Ängste zu finden. Leben und Tod gehen Hand in Hand. Lassen Sie zu, dass diese wichtigen Themen auch in Ihrer Kita ihren Platz finden.

Zum Weiterlesen

Zum Thema Angst/Ängste
Ahrens-Eipper, S./Nelius, K. (2009): Mutig werden mit Til Tiger. Göttingen
Bostelmann, A./Metze, Th. (2011): Zwischen Himmel und Erde. Weinheim
Cierpka, M. (2005): Faustlos – Wie Kinder Konflikte gewaltfrei lösen lernen. Freiburg
Hoffmann, K. von/Lilienfeld-Toal, V./Metz, K./Kordelle-Elfner, K. (2008): Stopp – Kinder gehen gewaltfrei mit Konflikten um. Buxtehude
Rogge, J.-U. (2001): Kinder haben Ängste. Hamburg
Schmid König, N. (2010): Damit Kindern kein Flügel bricht. München

Zum Thema Tod, Abschiednehmen und Sterben
Ennulat, G. (2003): Kinder trauern anders. Freiburg
Finger, G. (2001): Mit Kindern trauern. Freiburg
Franz, M. (2001): Abschied, Verlust und Tod. München
Franz, M. (2008): Tabuthema Trauerarbeit: Kinder begleiten bei Abschied, Verlust und Tod. München

Nijs, M. (2003): Trauern hat seine Zeit – Abschiedsrituale beim frühen Tod eines Kindes. 2. Aufl. Göttingen

Rauch, F./Rinder, N./Kern, T. (2017): Wie Kinder trauern: Ein Buch zum Verstehen und Begleiten. München

Reschke, E. (2010): Gemeinsam trauern – Ideen für Familie, Kindergarten und Grundschule. 2. Aufl. Kevelaer

Schmidt-Klering, G. (2017): Mit Kindern gemeinsam trauern. München

Nachwort

Erziehung ist zwar eine ernst zu nehmende Angelegenheit, bedeutet aber nicht, dass wir immer ernst sein müssen. Humor und Lachen sind zwei wichtige Gelingenskriterien.
Ursula Günster-Schöning

Die gesellschaftlichen Veränderungen als auch die Qualitätsdiskussion und dynamischen Reformprozesse im System der Kindertagesbetreuung werden mit Sicherheit noch eine ganze Zeit anhalten und dazu führen, dass vieles verändert und neu gedacht werden wird. Bislang wurden sie einerseits durch fachliche Entwicklungen und dialogische Prozesse und andererseits auch durch gesellschaftliche Veränderungen und wissenschaftliche Forschungen beeinflusst. Natürlich auch durch die Menschen, die unmittelbar auf Erziehungsprozesse und die Qualität in den Einrichtungen Einfluss nehmen. Dies hat zum einen neue Schwerpunkte und Grundlagen geformt und zum anderen das Bild vom Kind sowie die Vorstellungen von kindlicher Entwicklung maßgeblich beeinflusst. Die Bedürfnisse und Fähigkeiten der Kinder von null bis sechs Jahren prägen die Debatten und Entwicklungen rund um das Thema Kind, die daraus abgeleiteten Erziehungsziele und Praktiken sowie die konkrete pädagogische Praxis in Kindertageseinrichtungen. Dies lässt Raum und macht Mut für eine sinnvolle Nach- und Neujustierung sowie gezielte Weiterentwicklung

Die Vielfalt an pädagogischen Ansätzen, die sich geprägt von den Entwicklungen der letzten Jahrzehnte entwickeln konnten, zeigen auf, dass wir heute zwar eine Vielfalt an unterschiedlichen Motivationen vorfinden, sich jedoch eine Sichtweise entschieden durchgesetzt hat. Das Kind ist ein*e aktive*r Lerner*in und Subjekt der eigenen Entwicklung. Natürlich haben Umweltbedingungen ebenso wie die verschiedenen Erziehungsstile und Ziele Einfluss auf die kindlichen Entwicklungsprozesse, aber die aktive Teilhabe des Kindes an der Aneignung von Wissen und dem Vorantreiben seiner eigenen Entwicklung ist von immenser Bedeutung.

Nutzen Sie das Wollen der Kinder und ergänzen Sie es mit Ihrem Können. Seien Sie mutig, beherzt und innovativ. Trauen Sie sich etwas zu und vertrauen Sie auf Ihre Motivation und Tatkraft. Nur so lässt sich etwas bewegen. Entwickeln Sie Mut und Neugier für neue Wege und gestalten Sie erfolgreich Veränderungen. Nach dem Motto: Lieber auf neuen Wegen stolpern, als auf ausgelatschten Pfaden auf der Stelle treten. Entwickeln Sie Ihr Potenzial und leben Sie Ihre Möglichkeiten.

Lassen Sie sich nicht entmutigen durch die ewig Nörgelnden oder alles besser Wissenden. Seien Sie unbequem und hinterfragen Sie alles, was Ihnen wichtig ist. Alte Denkmuster und Strukturen ändert man nur dadurch, dass man sich auf sie konzentriert und an ihnen arbeitet. Denken Sie positiv! Vertrauen Sie auf den Prozess. Kontrollieren Sie Ihr eigenes Denken und Ihren Sprachgebrauch und geben Sie das Bedürfnis auf, zu urteilen und alles in gut oder schlecht zu justieren. Das Leben ist so spannend und interessant, bewerten Sie es nicht ständig. Seien Sie nicht darauf aus, perfekt zu sein. Fehler gehören zum Leben dazu. Seien Sie geduldig mit sich selbst und würdigen Sie Ihre Erfolge! Sagen Sie nein, wenn Sie nein meinen und ja, wenn Sie ja meinen. Beschweren Sie sich nicht, versuchen Sie lieber etwas zu verändern. Vertrauen Sie darauf, Ihr Ziel zu erreichen und seien Sie offen für Menschen, Ideen und Entwicklungen.

Wir stehen im Leben, mit unseren Augen und Ohren, der Nase, der Haut, dem Mund und unserem Verstand. Wir erleben, entdecken, begreifen und verstehen unsere Umwelt. Viele dieser Eindrücke und Erfahrungen sammeln sich im Kopf, andere wiederum finden Ihren Weg in unser Herz. Lassen Sie Erfahrungen zu und setzen Sie sich ein für Ihre Ideale, mit Leidenschaft und Verstand. Dabei erkennen Sie vielleicht, dass vieles im Gegensätzlichen liegt. Erfolgreiche Erzieher*innen wissen, dass sie sich jeden Tag aufs Neue orientieren und auf Veränderungen einlassen müssen. Nichts ist so beständig wie die Veränderung. Seien Sie Forscher*in und Entdecker*in, bereit immer wieder dazu zu lernen. Das kann spannend und herausfordernd sein, denn jede Situation birgt eine neue Chance, vorausgesetzt wir können und wollen sie auch wirklich sehen.

Sehen Sie in Ihrem Beruf mehr als nur einen Job. Sehen Sie in ihm Ihre Berufung und füllen Sie diese mit Leben. Seien Sie die Veränderung, die Sie sich für diesen Beruf wünschen. Nutzen Sie jeden Tag als neue Chance. Es lohnt sich!